KB123116

파란만장
부부
재테크

파란만장 부부 재테크

지은이 │ 김재형·이숙연
펴낸이 │ 박상란
1판 1쇄 │ 2017년 10월 16일

펴낸곳 │ 피톤치드
교정교열 │ 김동화
디자인 │ 롬디
경영·마케팅 │ 박병기

출판등록 │ 제 387-2013-000029호
등록번호 │ 130-92-85998
주소 │ 경기도 부천시 원미구 수도로 66번길 9, C-301(도당동)
전화 │ 070-7362-3488
팩스 │ 0303-3449-0319
이메일 │ phytonbook@naver.com

ISBN │ 979-11-86692-13-4 (03320)

「이 도서의 국립중앙도서관 출판예정도서목록(CIP)은 서지정보유통지원시스템 홈페이지(http://seoji.nl.go.kr)와 국가
자료공동목록시스템(http://www.nl.go.kr/kolisnet)에서 이용하실 수 있습니다.(CIP제어번호: CIP2017023333)」

저성장시대 우리집 가정경제 해법서

파란만장
부부
재테크

김재형 · 이숙연 지음

피톤치드

저성장 시대,
필요한 것은 금융 실력!

안타깝게도 우리나라는 빈부 격차가 빠르게 벌어지고 있다. 빈부 격차가 심해진 것은 1997년 외환위기 때부터이다. 국제통화기금IMF의 요구에 따라 혹독한 구조조정을 하는 과정에서 자본 이익을 극대화하기 위해 강력한 구조조정을 감행했기 때문이다. 그 결과, 단순 노동자들이 실직 상태가 되거나 비정규직으로 전환됐고, 중소기업들의 경영 구조가 크게 악화되었다. 반면, 대기업들의 경영 구조는 튼튼해졌고, 최고경영자들과 부동산 부자들은 더 큰 부를 쌓았다.

이렇게 양극화가 심각한 저성장, 장기 불황 시대에 반드시 필요한 것이 바로 금융 실력이다. 하지만 아쉽게도 우리나라 국민들의 금융 지식은 OECD 가입 국가 중 꼴찌 수준이다. 지금 같은 저성장 시대에는 금융에 대한 관심과 지식이 우리 가정 경제를 안전하게 지켜줄 수 있다. 자본주의 사회에서 돈은 훌륭한 수단이다. 자유로운 삶을 위해서도, 무언가를 배우기 위해서도, 온 가족이 여행을 떠나 추억을 만들기 위해서도 최소한의 돈이 필요하다.

그런데 여기에서 꼭 짚고 넘어가야 할 것이 있다. 재테크의 목적은 보유 자금을 활용해 최대의 이익을 창출하는 것이고, 재무 설계란 개인이나 한 가정이 이루고자 하는 목표(재무 목표)를 달성해 가는 일련의 과정이다. 따라서 우리가 살아가면서 정말 중요한 것은 재테크가 아닌 재무 설계이다. 재무 설계는 기간에 따른 목표를 달성하기 위해 반드시 필요한 포트폴리오를 제공한다. 돈을 모으는 것을 목표로 하지 않고 돈을 제대로 활용함으로써 행복해지는 방법을 알려 주는 것이다.

누구나 한 번쯤 재무 관리의 중요성을 깨닫고 실천해 보고자 노력했을 것이다. 하지만 밤낮 없이 일하고, 재테크를 열심히 하는데도 여전히 앞이 까마득해 보인다면 방법이 잘못되지는 않았는지 고민해 봐야 한다. 부자가 되는 법을 제대로 터득하지 못한 채 늘 반대로 생각하고 행동하고 있지는 않았는가?

평범한 사람은 부자가 되기를 꿈꾸면서도 금세 포기한다. 평생 노력해도 부자가 될 수 없을 것이라고 우울해 하고, 자주 해

외여행을 떠나거나 값비싼 물건을 아무렇지도 않게 사는 사람들을 보며 상대적 박탈감을 느낀다. 그리고 기분을 풀기 위해 쇼핑을 하고 외식을 하며 돈을 쓴다. 내 모습이 그렇지는 않은지 반성을 해 볼 필요가 있다.

부를 획득한 사람들은 하나같이 입을 모아 "부는 습관이자 태도이다"라고 말한다. 아무리 능력이 뛰어나고 이론이 밝아도 용기를 내어 신념을 바꾸고 실천하지 않으면 인생은 달라지지 않는다. 부자가 되고 싶다면 부자처럼 행동해야 한다. 구체적인 목표를 세우고 누가 뭐라 해도 흔들리지 않고 목표를 향해 한 발 한 발 나아가야 한다. 또한 기준에 따라 적절하게 소비를 제한할 줄도 알아야 한다.

우리 부부는 가정을 이루고 평범하게 살아가는 이들이 올바르게 재무 설계를 하고, 그를 통해 행복 자산을 늘리도록 돕는 일을 해 왔다. 재무 상담 중에 여러 가정에서 공통적으로 나타난 문제점과 재무 문제 해결책, 재무 설계 노하우를 더 많은 사람과 공유하고자 이 책을 집필했다. 이 책을 통해 금융에 대해 학습하고 우리 가정 경제에 더 많은 관심을 가질 수 있기를 바란다. 그래서 저성장, 장기 불황의 시대에도 가슴을 펴고 웃을 수 있기를 진심으로 바란다.

　한 권의 책이 세상에 나오기까지 도움을 주신 많은 분들께 감사를 전한다.

저자 김재형·이숙연

차례

최만장
37세

파란만장 가족의 가장이자 파란 씨의
남편. 성실하고 속정이 깊지만 돈에 관
해서는 철부지이다. 가정 경제를 책임
진다는 의식이 부족했지만, 타임슬립으
로 호된 경험을 하면서 자신이 많이 부
족한 상태였다는 것을 깨닫는다.

김파란
35세

만장 씨의 아내이자 두 아이의 엄마로,
결혼 9년차 워킹맘이다. 누구보다 남편
과 아이들을 사랑하지만 고된 현실 때
문에 마음 깊은 곳에 불만이 가득하다.
타임슬립으로 어려움에 처하지만 절망
하거나 비관하지 않고 꿋꿋하게 이겨
내려고 애쓴다.

민재, 민서 남매
8세, 5세

아빠, 엄마의 품에서 어리광을 부려야
할 나이이지만 타임슬립으로 산전수전
을 다 겪는다. 하지만 부모님에 대한 신
뢰가 깊고 천성이 착한 아이들이다. 파
란만장 부부가 어려운 상황에서도 용
기를 잃지 않은 것도 전부 아이들 덕분
이다.

알파男, 알파女 부부
나이 미상

절망에 처한 파란만장 부부가 지푸라기
를 잡는 심정으로 찾아간 재무 설계 전
문가이다. 뛰어난 분석력과 자료 조합
능력을 보여 주고 해결책도 제시한다.
이들이 언제, 어떻게 만들어졌는지는 아
무도 모르며, 미래에서 왔다는 소문도
있다. 중요한 것은 이들이 철저하고 탁
월한 금융 실력을 기반으로 수많은 사
람을 어려움에서 구해 냈다는 것이다.

CHAPTER 1

우리 집,
도대체
뭐가 문제지?

둘이 버는데
돈이 없어요!

"여보, 우리 얘기 좀 해!"

하이 톤에 날카로운 목소리. 아내가 심상치 않다. 만장 씨의 동공이 강도 7의 지진이라도 난 것처럼 흔들리기 시작했다. 얘기 좀 하자니, 그 얼마나 두려운 말인가. 만장 씨는 37세, 파란 씨는 35세, 올해로 결혼 9년차 부부. 9년 동안 만장 씨가 확실하게 깨달은 것이 있다면 그것은 바로, 아내의 '얘기 좀 하자'라는 말은 곧, '한판 붙자'로 이어진다는 것이었다. 만장 씨는 평소에도 아내와 대화하는 것을 별로 좋아하지 않는데, 이번만큼은 어떻게 해서든 피하고 싶었다. 아내가 단단히 화가 난 것 같았기 때문이다. 이럴 때일수록 더 당당해야 한다. 만장 씨는 눈에 힘을 주고 언성을 높였다.

"무슨 얘기? 누가 겁날 줄 알고?"

거실에서 텔레비전을 보던 두 아이까지 얼어붙었다. 이 철부지들도 심상찮은 기류를 파악한 것이다. 만장 씨는 절대 질 수 없다는 각오를 다지며 아내를 따라 안방으로 들어갔다.

"왜? 왜 또 그러는 건데? 애들 앞에서."

"당신은 평생 혼자 살지 결혼은 왜 했어?"

"뭔 소리야, 밑도 끝도 없이."

"애들 앞에서 싸우는 모습 보이기 싫은 사람이 그렇게 무책임한 행동을 해?"

"아, 그냥 말해. 빙빙 돌리지 말고."

남편을 무섭게 노려보던 파란 씨가 화장대 서랍에서 카드 명세서를 꺼내 만장 씨에게 내밀었다. 명세서를 볼 것도 없었다. 아내가 왜 화가 났는지 바로 알 수 있었다.

'아! 카드값 나오기 전에 돌려 막는다는 걸 깜박했네!'

"평소보다 카드값이 너무 많이 나와서 명세서 확인했어. 그런데 신용카드로 현금 인출을 해? 그것도 백만 원이나!"

만장 씨는 할 말을 잃었다. 절친 종혁이 찾아와 묻지도 따지지도 말고 제발 돈 좀 빌려 달라고 사정하는 통에 어쩔 수 없었다. 그 돈이 왜 필요한지도 물어보지 못했다. 그럴 때 그냥 도와주는 게 남자들끼리의 의리이기 때문이다.

'뭐라고 둘러대지? 남자들끼리의 의리를 마누라가 이해할 리 없는데!'

파란 씨의 표정이 점점 더 싸늘하게 굳어 갔다. 손끝만 닿아도 얼어붙을 것처럼 차갑게. 파란 씨는 더 이상 싸우기 싫다는 듯 만장 씨에게 베개를 건넸다.

"당신은 가장으로서 자격이 없어. 평일에 일하고 들어오면 쉬지도 못하고 집안일에, 애들 뒤치다꺼리에 얼마나 힘든 줄 알아? 주말에도 내내 집에서 일만 하고! 나는 어떻게든 살려고 아등바등하는데 당신은 잊을 만하면 돈 사고야? 이제 말하기도 지쳐. 오늘부터 애들 방에서 자."

파란 씨는 그렇게 말하고 거실로 나가 버렸다. '쾅!' 소리를 내며 닫히는 문이 꼭 아내의 마음이 닫히는 소리처럼 들렸다.

'이게 이럴 정도로 큰 잘못인가? 그깟 백만 원, 채워 넣으면 되잖아!'

일단 자신이 잘못했다는 걸 알면서도 막상 아내가 화를 내며 자신을 싸늘하게 대하자 만장 씨도 덩달아 화가 났다.

'그깟 돈이 남편보다 더 소중한가?'

그렇게 생각하자 더욱 화가 난 만장 씨는 죄 없는 방문에 대고 이렇게 외쳤다.

"만날 돈밖에 모르고. 돈! 돈! 지겨워!"

남편의 외침을 들은 파란 씨는 텔레비전 볼륨을 한껏 높이고 남편 말은 들은 척도 하지 않았다.

'지겨운 건 너야!'

부부는 정서적·경제적 공동체!

만장 씨가 크게 잘못을 했군요. 파란 씨가 화가 날 만하네요. 그런데 어디서 많이 본 듯한 풍경 아닌가요? 부부라면 누구나 돈과 관련된 다툼을 해 봤을 것입니다. 특히 맞벌이를 하는 부부의 경우, 싸움의 주제가 큰 변화가 없죠.

한국의 부부 10쌍 중 5쌍은 맞벌이를 하면서 생활 전선에서 고군분투하고 있다고 합니다. 혼자 벌어서는 집세와 서너 식구의 생활비를 감당하기가 힘들기 때문이죠. 이렇게 선택이 아닌 필수가 되어 버린 맞벌이! 둘이 벌면 수월할 줄 알았는데 막상 현실은 그렇지 않습니다. 사랑하기도 아까운 시간에 파란만장 부부처럼 돈 문제로 다툼을 벌일 때가 많죠.

그렇다면 무엇이 문제일까요? 외벌이 가정에 비해 맞벌이 부부의 소득이 높은 편인 것은 사실입니다. 그러다 보니 상대적으로 지출할 때 긴장감이 떨어지죠. 한마디로 말해 돈에 대한 절박감이 외벌이 가정에 비해 적다고 할 수 있습니다.

하지만 맞벌이 부부의 재무 관리는 큰 틀에서 잊지 말아야 할 사실이 있습니다. 맞벌이 부부는 소득도 높지만 고정 지출

(육아비, 교육비, 외식비 등)도 크다는 것! 이 점을 고려하여 지출 예산을 잡아야 가정 경제를 운영하는 데 있어서 어려움을 덜 수 있습니다. 겉으로 드러나는 소득이 많다고 해서 그 눈높이만큼 지출해서는 안 됩니다.

여기서 빠질 수 없는 재무 관리의 정석! 합리적인 지출과 저축을 극대화하는 것을 동시에 해내는 것입니다. 맞벌이 부부라고 해서 예외일 수 없습니다. 일단 쓰고 보는 지출 습관을 극복하지 못하면 둘이서 힘들게 돈을 버는데도 워킹 푸어 Working Poor 신세를 면할 수 없습니다.

그리고 파란만장 부부가 다투는 상황을 보면 한 가지 문제가 더 있죠. 바로 가사 문제입니다. 두 사람이 함께 살아가려면 돈만 번다고 끝이 아니죠. 식사, 청소, 빨래, 육아와 같은 집안일이 끊임없이 이어집니다. 파란 씨는 가정 경제의 문제점을 지적하면서 독박 가사와 육아를 하고 있는 자신의 처지를 호소하고 있습니다.

남편 왈, "내가 돈을 더 많이 벌잖아!" VS 아내 왈, "집안일은 공동 책임이야!"

이런 종류의 다툼 역시 익숙하죠? 한마디로 정리하면 가사와 육아는 부부 공동의 책임입니다. 누가 누구를 돕는 것이 아니라 두 사람 모두 내 일이라고 생각하고 임해야 해요. 이러한 인식이 확립되지 않으면 가정 경제에까지 악영향을 끼칠 수 있습니다. 미안한 마음에 선물을 하고, 여행을 떠나는 것은 불필요한 지출만 늘 뿐, 적합한 해결 방법이 아닙니다.

그럴 것이 아니라 배우자가 뭘 원하는지를 들여다보세요. 선물이나 여행으로 선심을 쓰는 것이 아니라 책임을 함께 질 줄 아는 태도를 원할 테니까요. 돈과 감정은 별개일 것 같지만 이 둘은 연결되어 있습니다. 특히 정서적·경제적 공동체인 부부 사이에서는 말할 것도 없죠.

 맞벌이 가정, 뭐가 문제지?

이번 다툼은 더 볼 것도 없이 만장 씨의 패배군요. 맞벌이로 아이 둘을 키우면서 빠듯하게 살아가는 와중에 백만 원을 묻지도 따지지도 않고 빌려 주다니요. 남자로서 친구와의 의리를 지키고 싶은 마음을 이해하지 못하는 것은 아니지만 아내에게 얼른 사과하고 잘못을 인정하는 것이 좋겠습니다.

자, 그러면 파란만장 부부처럼 맞벌이를 하는데도 힘든 가정은 왜 그런 것일까요? 맞벌이 부부들은 대개 둘 다 돈을 번다는 생각에 가정의 돈 관리에 느긋한 경향이 있습니다. 갈수록 실직이나 소득 단절의 위험성이 커진다는 사실은 알지 못한 채 말입니다. 인류의 수명은 늘고 있는데 안정적으로 일할 수 있는 경제적 수명은 오히려 짧아지고 있는 상황입니다. 거기에 구조조정과 조기 퇴직이 일반화되면서 소득 단절 위험성이 커지고 있죠. 이렇게 보면 맞벌이 가구의 소득 단절 위험은 외벌이 가구의 두 배입니다. 그런데 대부분의 맞벌이 부부는 이를 실감하지 못합니다. 한 쪽이 실직을 해도 다른 쪽의 소득이 유지된다고 생각하니까요.

따지고 보면 맞벌이라고 해서 딱히 더 여유가 있거나 저축을 더 많이 하는 것도 아닙니다. 실제로 통계청의 조사에 따르면 맞벌이 가구와 외벌이 가구의 흑자율 차이는 10% 내외입니다. 그렇다면 파란만장 부부 같은 맞벌이 가정은 어떻게 재무 관리를 해야 할까요?

1. 맞벌이로 인한 지출 비용을 소득에서 빼라

부부 두 사람의 소득에서 맞벌이를 유지하는 데 드는 비용을 제외시켜서 생각하세요. 이 비용은 차비, 용돈 등입니다. 만약 두 사람의 총소득이 6백만 원인데 유지 비용이 2백만 원이라면 수입을 4백만 원으로 생각해야 합니다. 둘의 소득 전체에 눈높이를 고정시키기보다는 맞벌이로 포기해야 하는 기회

비용을 제하고 소득을 이해할 필요가 있습니다. 그래야 지출 예산을 잡을 때 좀 더 긴장감이 생기니까요.

2. 아이에게 미안해서 쓰는 비용을 줄여라

맞벌이 부부는 아이와 함께하는 시간이 적어 아이에게 항상 미안함을 느낍니다. 그래서 아이와 외식을 자주 하거나 장난감, 용돈 등에 많은 돈을 지출하는 경향이 있죠. 그러나 이런 지출들은 가정에 도움이 되지 않습니다. 미래의 교육비를 지금 쓰고 있다고 생각해 보세요. 자녀를 위한다고 볼 수 없겠죠? 지금의 미안함을 돈으로 해소하려 하지 말고 아이의 미래에 투자하세요. 당장의 미안한 마음을 더 현실적으로 보상하는 것이 될 수 있을 것입니다.

3. 비자금을 포기하라

많은 맞벌이 부부가 비자금을 만들어 두는 것이 좋다고 생각합니다. 각자의 용돈을 아껴서 만든 비자금이라면 또 모르죠. 그러나 지출 예산도 세우지 않은 상태에서 각자 벌기 때문에 각자 돈 관리를 하면서 비자금을 만드는 것은 문제가 있습니다.

특히 파란 씨가 현금 서비스를 받은 신용카드! 이것이 늘 다툼을 불러오는 화근입니다. 신용카드가 일반화되면서 각자의 이름으로 된 카드를 규제 없이 사용하죠. 여기에 한술 더 떠서 배우자 몰래 마이너스 통장까지 만들기도 합니다.

그렇다면 왜 비자금을 만드는 것일까요? 상대방의 동의를 끌어내기 어려운 지출은 자기 마음대로 하겠다는 생각 때문이죠. 남편들은 만장 씨처럼 친구에게 돈을 빌려 주면서 인심을 얻거나 술자리 혹은 남편 쪽 가족을 챙기기 위해 비자금을 만드는 경우가 많습니다. 아내들은 친정을 돕거나 부부 사이가 어려울 때를 대비하기 위해 비자금을 만들죠.

한마디로 비자금을 만드는 이유는 배우자에 대한 불신 때문입니다. 그러나 이런 식으로 가게 재무 구조가 형성되면 지출 통제는 더욱 어려워집니다. 서로의 소득이나 지출을 투명하게 해야 합니다. 불필요한 비자금을 만들며 서로 불신하기보다는 각자 소득이나 지출을 투명하게 운영하면서 가게 지출 예산, 저축 목표 등을 공유할 줄 알아야 합니다.

결혼하지 못한
통장

"아빠, 앞으로 계속 우리랑 자는 거야?"

파란 씨에게서 '안방 접근 금지 명령'을 받고 아이들 방에 몸을 누인 만장 씨. 가뜩이나 아이들 장난감, 가구만으로도 좁은 방에서 자려니 불편한 게 이만저만이 아니었다. 자고 일어나도 잔 거 같지가 않고 온몸이 찌뿌둥했다.

'확, 집을 나가 버려?'

아내의 쌀쌀맞은 태도에 문득 반항심이 고개를 들었다. 그러나 만장 씨 내면에 상주하는 여러 가지 자아 중에서 이성적인 자아가 만장 씨를 타일렀다.

'불편하고 쪽팔려도 참아. 지금은 죽은 듯이 엎드려 있을 때야.'

그 말이 맞는 것 같아서 참고 있기는 한데, 접근 금지 명령이 길어도 너무 길었다. 이제 고작 다섯 살인 딸이 이런 아빠의 사정을 알 리 없었다. 아빠 품에 안겨서는 순진무구한 표정으로 아빠가 자기네 방에서 자니까 좋단다.

"우리 민서, 아빠가 계속 여기서 잤으면 좋겠어?"

"응! 아빠 있으니까 밤에 안 무섭고 좋아."

대화를 듣고 있던 초등학교 1학년생인 아들 민재가 심각한 표정으로 동생을 꾸짖었다.

"바보야! 아빠가 빨리 안방으로 가야 좋은 거야!"

"왜?"

민서가 눈을 동그랗게 뜨고 물었다.

"엄마가 화났으니까 그렇지! 너 엄마, 아빠가 이혼하는 거 보고 싶어?"

"이혼? 그게 뭔데?"

'아이고, 얘들아. 아빠 가뜩이나 골치 아파서 머리 깨질 거 같거든?'

만장 씨는 아이들이 잘 알아들을 수 있도록 타일렀다.

"민재야, 이혼이라는 말은 어디서 들었어?"

그러자 민재가 심각한 표정으로 우물쭈물 말했다.

"우리 반 지원이 엄마, 아빠가 싸워서 잠도 따로 자고 하다가 결국 이혼했대. 지원이는 이제 엄마하고만 산단 말이야."

어린 것이 며칠 동안 고민이 많았는지 얼굴빛이 급격이 어두워지면서 울먹거렸다.

"그래서 우리 민재가 엄마랑 아빠도 이혼할까 봐 무서웠구나?"

"지원이 말고도 부모님이 이혼한 애들 많아. 나도 걱정된단 말이야!"

만장 씨는 민재에게 다가가 꼭 안아 주었다.

"민재야, 아빠랑 엄마는 잠깐 다툰 거야. 민재도 친한 친구들하고 다툴 때 있지? 어른들도 의견이 안 맞으면 다투고 그래. 아빠가 엄마한테 미안하다고 사과하고 그만 싸울게. 그리고 엄마, 아빠는 이혼 안 해. 걱정 마."

"정말?"

"정말이지."

"그럼 약속해, 아빠."

만장 씨와 민재가 새끼손가락을 걸자, 그게 재미있어 보였는지 민서도 같이 약속을 하자고 했다. 그렇게 두 아이와 약속을 한 만장 씨는 어떻게 아내에게 화해를 청해야 할지 고민에 빠졌다.

'선물을 사 줄까? 아냐, 또 돈 썼다고 뭐라고 할 거야. 각서를 써야 되나? 아냐, 그렇게까지 저자세로 나갈 필요는 없지. 하, 애들 봐서라도 빨리 화해를 하긴 해야 되는데.'

같은 시간, 파란 씨는 안방에 앉아서 만장 씨가 써 버린 백만 원 때문에 가계부를 들여다보고 있었다. 그런데 아무리 들여다

봐도 백만 원은커녕 십만 원도 여유가 없었다. 바로 지난달 생활비도 적자였다.

'돈 나올 데가 어디 있다고. 이걸 들여다보는 내가 등신이지!'

파란 씨는 가계부를 멀찌감치 밀어 버리고 바닥에 누우며 생각했다.

'어떻게 저 버릇을 고치지? 각서를 쓰게 해야 하나? 그런다고 뭐가 달라지겠어?'

물음표의 행렬이 끊이지 않았지만 마땅히 좋은 방법이 떠오르지 않았다. 그때 갑자기 파란 씨의 해묵은 불만 하나가 떠올랐다. 그것은 바로 아직도 두 사람이 통장을 합치지 못했다는 것. 파란 씨는 남편의 월급이 정확히 얼마인지 몰랐다. 각자 번 돈에서 생활비를 내고 나머지는 저축을 하는 식으로 살았는데, 파란 씨는 살림하는 입장에서 그것이 늘 불만이었다. 파란 씨는 벌떡 일어나 앉았다.

'그래! 이제라도 통장을 합치자고 해야겠어!'

재무 대화가 필요해

　뭐라고요? 결혼한 지 9년이나 됐는데 아직도 통장을 합치지 않았다고요? 두 사람만 결혼하고 통장은 결혼을 하지 못했군요. 파란만장 부부, 이 집 가정 경제는 정말이지 이름 그대로 파란만장하네요. 보기보다 문제가 훨씬 많은 것 같습니다. 그런데 주변을 둘러보면 이런 가정이 의외로 많습니다.

　"결혼하면 꼭 통장을 합쳐야 되나요?"
　"남편이 월급을 공개하지 않아요."
　"결혼 후에 돈 관리는 누가 하나요?"

　결혼을 앞뒀거나 이미 부부가 된 커플이 이 세 가지 질문을 가장 많이 합니다. 부부는 세상에서 가장 친밀한 관계인데 돈을 주제로는 대화할 수 없는 건가요? 부부간의 재무 대화는 상당히 중요합니다.
　최근에 15년째 맞벌이를 하고 있는 한 아내 분과 재무 상담을 했는데, 이런 고민을 털어놨습니다.

"결혼 후에 15년 동안 제가 쭉 통장 관리를 했어요. 그런데 얼마 전에 남편이 통장을 보더니 그동안 이것밖에 모으지 못했냐며 화를 냈어요. 그 말을 듣는데 어찌나 서러운지. 먹고 싶은 것도 제대로 못 먹고, 입고 싶은 것도 제대로 못 사고 나름 아끼면서 살았거든요. 남편은 제가 혼자 생활비를 흥청망청 썼다고 생각하는 것 같아요. 너무 화가 나서 이제부터는 당신이 관리하라고 말하고 한바탕 크게 싸웠어요."

나중에 아내 분이 남편을 설득해서 두 사람이 함께 상담을 받게 됐습니다. 이 문제에 대해 남편 분의 생각을 물었죠. 처음에는 말이 없던 남편 분이 생각을 털어놨습니다.

"사실 돈 버는 게 힘들잖아요. 매일 야근하고 윗사람들 비위 맞추고, 아이들 얼굴도 제대로 보지 못하고 그렇게 살았어요. 그런데 통장 잔고가 얼마인지 알았을 때 기분이 어떤지 아세요? 그리고 솔직히 남자보다 여자가 돈을 많이 쓰는 건 사실이잖아요? 남자보다 사야 될 것도 많고……. 아내가 사치하고 그런 사람은 아니지만 그래도 제가 생각했던 것보다 잔고가 너무 적은 거예요. 그래서 화를 좀 냈습니다."

상담 중에 남편 분이 남자보다 여자가 돈을 더 많이 쓴다고 주장했는데 이게 사실일까요? 여성가족부의 '2016년 양성평등 실태조사'를 보면, 남편은 월 평균 42만 5천 6백 원을, 아내는 30만 3천 7백 원을 쓴다고 합니다. 남편 분의 생각과 반대인 거죠.

　결론부터 말하면 가치관이 서로 다른 두 사람이 평생을 함께하는 결혼은 쉽지 않습니다. 돈 관리도 마찬가지고요. 결혼 생활을 잘하기 위해서, 돈 관리를 잘하기 위해서 당장 필요한 것은 무엇일까요? 그렇죠! 바로 재무 대화입니다. 대화를 통해 돈 관리의 주체와 방법을 정하고 재무 목표, 기준을 함께 만들어야 합니다. 그리고 함께 지켜 나가야 하죠.

　다음은 가정 경제를 운영하는 데 있어서 반드시 기억해야 할 사항입니다. 부부가 함께 읽어 보고 공유하면 더욱 좋겠죠?

1. 결혼 생활의 목적은 돈이 아니다. 돈은 수단이다.
2. 가정 경제에 대해 서로를 탓하지 않는다. 서로 협력하는 자세로 돈 관리에 임한다.
3. 어려울 때는 전문가의 도움을 받는다. 재무 상담을 통해 두 사람의 서로 다른 생각과 행동을 맞춰 나간다.
4. 만약 투자나 대출이 필요하다면 반드시 상대방의 동의를 받고 진행한다.
5. 한 달에 한 번이라도 '대화의 날'을 만든다. 감정적인 싸움이 되지 않도록 서로 이야기할 사항들을 준비해서 차근차근 대화한다.
6. 재무 계획을 세웠다고 해서 당장 효과가 드러나기를 기

대하면 안 된다. 시행착오가 따르더라도 인내심을 갖고 노력한다.

7. 돈으로 인해 상처 주는 말은 하지 않도록 조심한다. 다른 가정과 우리 가정을 비교하지 않는다.

알파
男

재무 관리의 원칙을 세워라!

결혼 9년차 부부의 주머니가 따로따로라니! 파란만장 부부는 우선 돈 관리 원칙부터 세울 필요가 있겠네요. 그럼 일단 보통의 맞벌이 부부들은 돈 관리를 어떻게 하는지부터 살펴보겠습니다. 크게 세 가지 경우가 있습니다.

첫 번째는 아내든, 남편이든 어느 한 쪽이 맡아서 관리하는 방법입니다. 각자 월급을 받아도 어느 한 쪽이 전부 관리하는 것이죠.

두 번째는 월급을 합치고 생활비를 뗀 나머지 돈을 절반으로 나누는 방법입니다. 그 돈으로 저축을 하거나 소비를 하죠. 노후는 어떻게 하냐고요? 그런 경우에는 노후 준비도 각자 알아서 한다고 합니다.

마지막 세 번째는 통장을 하나 개설해서 두 사람이 똑같은 액수를 이체하는 것입니다. 생활비와 저축, 대출에 들어가는 돈을 공동 통장에 넣고, 나머지 돈은 각자 알아서 하는 것이죠. 바로 이런 경우에 파란만장 부부처럼 상대방의 월급을 정확히 모르는 경우가 많습니다.

여러분은 위의 세 가지 경우 중 어디에 해당하나요? 세 가지 경우 중에 가장 바람직한 방법은 무엇일까요? 두 번째나 세 번째 방법처럼 각자 관리하는 것을 좋아하는 사람들도 나름의 이유가 있습니다. 배우자의 눈치를 보지 않고 자유롭게 지출할 수 있고, 부모님께 용돈도 마음대로 드릴 수 있죠. 게다가 각자 관리하면 비상금을 만들지 않아도 되니 조마조마할 필요도 없습니다.

그런데 결혼 생활은 1, 2년으로 끝나는 것이 아닙니다. 보통 결혼을 할 때 평생을 함께하겠다고 결심하지 않나요? 자녀가 태어나면 더욱더 그렇고요. 누가 뭐라 해도 결혼은 장기전! 멀리 봐야 합니다. 멀리 보려면 반드시 두 주머니를 합쳐야 합니다. 그래야 저축액이 커지고 목돈을 빨리 만들 수 있습니다. 지출도 마찬가지입니다. 두 주머니에서 지출이 나가는 것보다 한 주머니에서 나가는 것이 좋습니다. 합리적으로 계획성 있게 지출할 수 있으니까요.

하지만 부부간에도 돈 문제는 참으로 민감한 사안입니다. 그래서 어느 한 쪽이 강압적으로 '이렇게 하자!'라고 할 것이 아니라 대화를 통해 원만하게 합의를 해야 합니다. 어느 한 쪽이라도 동의하지 않으면 그때부터 부부 사이에 분쟁이 끊이지 않고 최악의 경우, 이혼으로 이어질 수 있으니까요. 실제로 이혼 사유 중 성격 차이 다음으로 큰 비중을 차지하는 것이 경제 문제라고 합니다.

그러면 끝으로 통장 결혼식 방법을 설명하겠습니다. 지금 결혼을 준비 중이거나 이미 결혼을 했는데 통장은 결혼시키지 못했다면 통장 결혼식을 따라 하시길 바랍니다. 통장 결혼식을 하려면 우선 대화를 통해 중복되거나 불필요한 통장을 없애야 합니다. 그리고 더 나은 미래를 위해 반드시 필요한 통장을 새로 만들어야 합니다.

그런 다음 재무 대화를 통해 기본적인 생활비, 전세 자금 인상분, 노후 준비에 필요한 금액 등을 계획해 보세요. 매달 저축 가능한 금액을 정할 수 있을 것입니다. 여기에 불필요한 보험 상품을 정리하고 새로운 보험 상품으로 보장을 강화하는 '보험 리모델링'까지 이루어지면 더할 나위 없이 좋겠죠?

끝으로 통장 결혼식은 빨리 치를수록 좋다는 것을 잊지 마세요. 부부가 구체적으로 재무 계획을 세우면 부자의 꿈에 더 빨리 다가갈 수 있습니다.

에듀 푸어,
남 일이 아니네!

토요일 아침 일찍부터 외출 준비를 하는 파란 씨. 아직도 만장 씨와 대치 중이라서 집안 분위기는 냉랭했다. 만장 씨는 아내가 주말에 어디를 가려고 단장을 하는지 궁금했지만 선뜻 물을 수 없었다. 말을 걸어도 파란 씨가 들은 체도 하지 않았기 때문이다. 할 수 없이 민서를 동원했다.

"민서야, 엄마한테 가서 어디 가는지 물어봐."

민서가 쪼르르 달려가서 엄마와 몇 마디 나누더니 만장 씨에게 와서 대답했다.

"엄마 약속 있대."

"아이 참, 그 약속이 뭔지 물어봐야지."

"알았어."

다시 엄마와 몇 마디 나누고 온 민서가 말했다.

"아빠, 엄마가 아빠는 알 거 없대."

"뭐?"

가장 체면 같은 건 땅바닥에 떨어진 지 오래이지만 만장 씨의 속이 부글부글 끓어올랐다. 그러거나 말거나 파란 씨는 곱게 화장을 하고 결혼할 때 샀던 명품 백까지 들고 집을 나서며 이렇게 말했다.

"민서야, 엄마 늦을 거니까 아빠한테 밥 달라고 해."

"언제 오는데? 오늘 종일 나 혼자 애들 보라고?"

만장 씨의 말이 끝나기도 전에 문이 '쾅!' 하고 닫혔다.

집을 나선 파란 씨는 한식 뷔페로 갔다. 대학 친구들과 약속이 있었던 것이다. 파란 씨 친구들은 모두 비슷한 시기에 결혼해서 아이를 낳고 사는 워킹맘들이다. 약속 장소를 뷔페로 잡은 것은 한 곳에서 식사부터 디저트, 음료까지 다 해결할 수 있기 때문이었다. 물론 시간제한이 없는 곳을 골랐다. 한 친구가 파란 씨에게 물었다.

"파란아, 너희 애들도 잘 크지? 민재가 올해 초등학교에 입학하지 않았어?"

"이제 학부모 레이스 시작이야. 벌써부터 걱정이네."

친구의 아이는 민서와 같은 다섯 살이었다. 그런데 올해부터 오전에 어린이집을 갔다가 오후에 영어 유치원 방과후 교실에 보낸다고 했다.

"벌써 영어 학원을?"

"얘는. 영어는 다섯 살 때 시작해야지. 3년 배워야 일곱 살에 꽃이 피거든. 마음 같아서는 영어 유치원에 보내고 싶은데 비용이 부담스럽고, 그냥 유치원만 달랑 보내자니 영어가 뒤처지지는 않을까 걱정되고 해서 방과후 교실로 보내는 거야."

친구 이야기를 들은 파란 씨는 민재도, 민서도 아직 영어를 가르치지 않는다고 말했다. 그러자 친구들이 지금부터라도 얼른 시작하라고 난리였다. 친구들 왈, 요즘 부모들에게 미운 다섯 살은 영어를 본격적으로 배워야 할 시기란다. 그래야 3년차인 일곱 살 때 듣기와 말하기에 능숙해지고 초등학교에 입학해서도 영어를 잊지 않는단다. 그래서 한 달 교육비가 자그마치 백만 원이 넘는 영어 유치원에 보내기 위해 부모들이 줄을 선다고 했다.

백만 원이라는 말을 듣자마자 파란 씨는 만장 씨가 떠올라서 짜증이 확 솟구쳤다. 파란 씨는 잠시 화를 삭인 후에 친구들에게 물었다.

"그런데 너희는 그 정도로 여유가 있어? 우린 그냥 사는 것도 빠듯해."

그러자 친구들이 입을 모아서 말했다.

"어우, 야! 우리라고 여유가 돼서 하겠니? 그냥 보내는 거야. 저축이고 노후고 꿈도 못 꿔. 근데 형편 생각한다고 애들 공부

뒤처지게 할 수는 없잖아."

"맞아. 난 이번 달에도 마이너스야. 마통(마이너스 통장) 없으면 못 살아."

태연하게 말하는 친구들 틈에서 파란 씨는 할 말을 잃었다. 당장에 사교육비도 사교육비이지만 앞으로 대학은 어떻게 보낼까? 그때는 등록금이 얼마나 올라 있을까? 그 생각을 하자 밥이 넘어가지 않았다. 에듀 푸어Edu Poor라는 신조어가 나올 때만 해도 남의 일인 줄 알았는데 그게 아니었다.

교육비 마련은 장기 레이스

이미 등록금 천만 원 시대가 열린 지 오래죠? 전국 4년제 대학의 평균 등록금은 668만 원입니다. 교육부에서 발표한 대학별 평균 등록금을 보면 인문사회 계열 학과 1위인 연세대학교의 1년 평균 등록금은 821만 원, 공학 계열 학과 1위인 고려대학교의 1년 평균 등록금은 968만 원이라고 하네요. 물론 이 수치는 평균이기 때문에 무엇을 전공하느냐에 따라서 덜 들어갈 수도 있고, 더 많이 들어갈 수도 있습니다.

어쨌거나 학비는 비싸고 그 때문에 학자금 대출을 이용하는 대학생들도 점점 많아지고 있어요. 등록금을 마련하지 못해서 빚을 지는데, 막상 사회에 나오면 취직도 잘 되지 않죠. 사회 첫발을 내딛기도 전에 빚부터 얻는 이런 일이 대체 왜 일어나는 것일까요? 원인은 소득 상승률보다 교육비 상승률이 높은 것에 있습니다.

생각해 보세요. 어떤 부모가 아이가 태어났는데 '우리 애 학비는 학자금 대출을 받아서 해결해야지' 하고 생각하겠어요. 형편은 안 되는데 학업을 그만두게 할 수 없으니 마지못해 학

자금 대출을 받는 것이죠. 이게 다 소득은 제자리인데 대학 등록금은 쑥쑥 오르기 때문에 나타나는 현상입니다. 특히 요즘처럼 정년에 보장되지 않는 환경에서는 대부분의 가정이 자녀가 대학에 입학할 때쯤 소득이 불안정하거나 없어집니다.

그래서 요즘에는 자녀가 어릴 때부터 10년, 15년 이상의 장기 금융 상품으로 교육비를 미리 준비하는 가정이 많습니다. 이렇게 미리 준비하는 것 자체는 정말 잘하시는 겁니다. 그런데 상담을 해 보면, 시작은 잘했지만 과정이나 결과가 좋지 않은 가정이 상당히 많습니다.

여전히 유행하고 있는 5만 원, 10만 원 하는 어린이 펀드나 어린이 변액연금 같은 상품에 가입하는 것으로 교육비를 준비하고 있다고 생각하는 사람이 꽤 많습니다. 그런데 가입보다는 관리가 중요하다는 것을 모르고 있는 경우가 많아요. 한마디로 금융 상품이 교육비를 만들어 주지 않는다는 사실을 인지해야 합니다. 아이들의 미래를 위한 교육비 준비의 출발은 여기에서 시작합니다. 부모로서 우리 아이들의 교육비를 오랜 시간 관리하고 남들보다 철저히 준비하겠다는 사명감이 필요해요.

교육비, 계획성 있는 준비가 필요하다

첫 아이가 초등학교에 입학한 파란만장 부부는 본격적으로 교육비 마련을 고심하는 시기를 맞았군요. 부모라면 누구나 다섯 살 때부터 영어를 가르쳐야 한다는 말에 귀가 팔랑거릴 수 있죠. 하지만 우리 가정의 형편에 맞는 교육비 준비와 지출이 이루어지지 않으면 에듀 푸어 신세를 면하지 못할 수도 있습니다.

많은 부모가 자녀 교육 앞에서는 냉정하지 못합니다. 아이들이 공부를 조금만 더 잘해 줬으면, SKY에는 들어가 줬으면 하는 것이 솔직한 부모의 마음입니다. 그런데 아이들이 열심히 공부했으면 하고 바라는 만큼 부모들은 교육비 준비를 잘하고 있을까요?

그저 금융 회사의 말만 믿고 상품 하나 가입해 놓고 너무 믿고 맡기고 있다고 생각하지는 않으신가요? 내 아이에게 교육을 시킬 돈인데 그냥 맡기기만 하는 게 과연 옳은 걸까요? 부모들은 자녀가 한참 어린데도 '혹시 내가 잘못해서 자산을 남겨 주지 못하는 건 아닐까?' 하고 고민합니다. 그런데 나이가 들면 자녀에게 기대지 않고, 살아갈 방법은 없는지 고민합니다. 자녀 교육과 노후, 두 마리 토끼를 다 잡기 위해서는 교육비 지출을 계획성 있게, 치밀하게 준비해야 합니다.

자녀들이 미취학 아동이거나 초등학교 저학년일 경우, 교육 자금용 상품으로 세 가지를 선택할 수 있습니다. 첫째, 은행 단기 적금을 활용하는 것으로, 단점은 이자가 단리로 불어나고, 이자 소득세를 내야 한다는 것입니다. 둘째, 증권사의 어린이 전용 펀드를 활용하는 것으로, 펀드의 특성상 기간이 길어질수록 운용 수수료가 생각보다 많이 나오고, 소득세 발생은 은행과 동일합니다. 셋째, 보험사의 어린이 변액유니버셜을 활용하는 것으로, 가장이 사망할 시 보험료를 회사가 대신 납입해 줌으로써 계획된 교육비가 준비될 수 있고, 자녀가 성인이 될 때는 자녀 명의의 비과세 통장으로 교체 가능하다는 장점이 있습니다. 하지만 보험사 상품이므로 초기 사업비가 많이 들어간다는 단점이 있습니다.

우리 가정의 교육 자금을 어떤 방법으로 준비하는 것이 좋을지 꼼꼼히 비교하고 따져 본 이후에 결정을 해야겠죠. 교육 자금은 적어도 10년 이후 대학 자금을 목적으로 마련해야 합니다. 그런 이유 때문인지 보험사 상품을 선택하고 가입하는 경우가 가장 많은 것이 사실입니다. 간혹 공시이율(변동금리)로 운용되는 어린이 저축 보험에 가입하는 경우가 있는데, 그것의 금리는 3% 정도입니다. 최저 보증 이율이 1.5%로, 10년 정도가 되어야만 원금을 찾을 수 있습니다. 이렇게 보면 사실 은행에 적금을 들어 놓는 것이 더 바람직합니다.

나머지 변액유니버설과 변액연금 중에서 선택할 경우를 볼까요? 연금은 연금 개시 시점에 공시 이율로 계산해서 연금으로 지급을 받으면 결국에는 적립된 자금이 모두 소멸됩니다. 하지만 변액유니버설 적립은 굳이 연금으로 전환하지 않고 목돈을 운용하면서 이자로만 인출을 해서 원금은 그대로 상속까지 할 수 있다는 장점이 있죠.

두 상품은 돈을 모으는 방식은 같지만 모았다가 받는 방법이 다릅니다. 로또와 연금복권이라고 생각하면 쉬울 것입니다. 예를 들어 로또 당첨금을 한 번에 12억 원, 연금복권을 월 5백만 원씩 20년을 받는다고 가정해 봅시다.

받는 금액만 따지면 12억 원이니 둘 다 같은 금액을 받는다고 생각하기 쉽지만 사실상 12억 원이 당장 내 수중에 있으면 연 2%짜리 금융 상품에만 넣어 놔도 월 2백만 원 정도 수익이 생깁니다. 12억 원이라는 원금도 계속 유지되고요. 하지만 연금복권은 5백만 원씩 20년 동안 받고 나면 제로가 됩니다. 따라서 두 가지 금융 상품 중에서는 변액연금보다 어린이 변액유니버설 적립으로 준비하는 것이 더 유리합니다.

둘이 벌다가
혼자 벌어 봐!

'이 여자 좀 봐? 열한 시가 다 됐는데 안 들어온다 이거지?'

만장 씨 혼자서 아이들 저녁밥 먹이고 씻기고 잠까지 재웠는데도 파란 씨는 귀가하지 않았다. 이제 미안함이고 뭐고 화가 치밀어 올랐다. 싸움은 핑계고 이 기회에 자기 멋대로 해 보겠다는 건가? 전화를 몇 차례나 해도 받지 않는 아내에게 만장 씨는 약이 단단히 올랐다.

"아빠, 엄마 집 나간 거 아냐?"

민재는 엄마가 영영 집에 들어오지 않는 것은 아닌지 걱정이 많았다. 민재가 그럴 때마다 아니라고 설명하기를 수차례, 지친 만장 씨는 결국 버럭 화를 내고 말았다.

"인마! 사내자식이 엄마가 잠깐 없는 거 가지고 안절부절못하고 그래!"

"치! 아빠가 엄마 화나게 만들었잖아. 나랑 민서는 엄마 말 잘 들었다고!"

"너 이 자식! 어디서 아빠한테 대들어?"

"아빠는 모르잖아! 원래 이번 주에 엄마가 김밥 싸서 다 같이 소풍 가자고 했어. 그래서 나랑 민서랑 얼마나 기대했는데! 근데 아빠가 엄마 화나게 만들었잖아."

결국 민재는 엉엉 울어 버렸다. 순간 만장 씨는 머쓱했다. 어린 아들을 상대로 화를 낸 것이 낯부끄러웠다.

"민재야, 울지 말고 방에 가서 민서랑 자. 아직 주말 하루 더 남았잖아. 소풍 취소 안 됐어. 내일 가자. 알았지?"

"정말?"

"그래. 내일 신나게 놀려면 지금 어떻게 해야 돼?"

"빨리 자야 돼."

"그렇지! 우리 아들 진짜 똑똑하다. 엄마 금방 올 거니까 어서 빨리 자."

겨우 민재를 달래서 방에 들여보내자 휴대폰 진동음이 울렸다. 파란 씨라고 생각하고 서둘러 받으려고 했는데, 만장 씨의 절친이자 백만 원을 빌려 간 종혁의 전화였다. 만장 씨는 베란다로 나가서 전화를 받았다.

"미안해. 나 때문에 제수씨한테 입장 곤란한 거 아냐?"

친한 친구에게도 체면이 있기에 마누라에게 죽도록 혼났다는 말은 절대로 할 수 없었다. 만장 씨는 아무렇지 않은 척 허세를 떨었다.

"곤란하긴. 인마! 내가 다 설명했어. 애들 엄마는 그런 거 가지고 떽떽거리고 안 그래. 걱정 마."

수화기 너머로 종혁의 깊은 한숨 소리가 들렸다.

"휴, 진짜 미안하게 됐다. 우리 집사람이 몇 년 동안 경력이 단절되어서 재취업이 잘 안되네. 혼자 벌려고 하니까 쪼들려도 너무 쪼들려. 도무지 돈 나올 구석이 없어서……."

"괜찮아. 설명 안 해도 돼. 근데 많이 힘들어?"

"애가 둘인데다가 어디 맡길 데도 없고 해서 집사람이 일을 그만뒀잖아. 그런데 집사람이 일을 그만둔 순간부터 생활이 어려워지더라. 너 제수씨한테 잘해. 같이 벌어 주는 것만으로도 고마운 거야."

실제로 만장 씨 주변에는 결혼을 해도 아이를 낳지 않겠다는 사람, 아이를 낳는다 해도 한 명만 낳겠다는 사람이 많았다. 전화를 끊자마자 만장 씨의 기분이 잔뜩 가라앉았다. 어떻게든 아내의 기분을 풀어 줘야겠다고 생각했을 때 도어락 버튼을 누르는 소리가 나더니 현관문이 열렸다.

"왜 이렇게 늦게 와? 저녁은 먹었어?"

잔뜩 화가 났을 거라고 생각했는데, 남편이 반갑게 맞아 주자 파란 씨는 살짝 당황했다. 하지만 아직 냉전 상태인 것을 잊어서는 안 된다! 남편의 말을 들은 척 만 척하면서 안방으로 직행하려는데 만장 씨가 한 쪽 팔을 붙잡았다.

"미안해. 내가 다 잘못했어. 이제 그만 화해하자. 앞으로 돈 관리는 전부 당신한테 맡기고 나는 그냥 용돈 받아서 쓸게."

뜻밖의 제안에 파란 씨는 깜짝 놀랐다.

"정말이야?"

외벌이 전환에 대비하세요

　드디어 파란만장 부부의 집에 화해의 봄바람이 불겠군요. 정말 다행입니다. 무엇보다 만장 씨가 잘못을 인정하고 이제라도 부부가 함께 가정 경제를 일궈 갈 생각을 했다는 것이 엄청난 발전이네요.

　친구 가정을 위기에 몰아넣으면서 백만 원을 빌려 간 종혁 씨. 그에게도 나름의 사정이 있었네요. 실제로 외벌이 가정의 형편이 크게 어렵다는 이야기가 여기저기서 들립니다. 2016년에 처음으로 외벌이 가정의 소득과 소비 모두 감소세를 나타났다고 합니다.

　통계청에 따르면 2016년 외벌이 가구 월평균 소득은 371만 6천 원으로, 전년보다 0.6% 감소한 것으로 조사됐다고 하네요. 반면 맞벌이 가구는 소득과 소비 모두 전년보다 더 높은 증가율을 보였다고 해요. 이 조사가 뜻하는 바가 무엇일까요? 그렇죠. 혼자 벌어서는 가계를 꾸리기 어렵다는 것을 증명한 것입니다.

　맞벌이 부부들이 놓치는 부분이 있는데요. 바로 임신과 출산, 육아로 인해 언젠가는 맞벌이 가정에서 외벌이 가정으로 바뀐다는 사실입니다. 제게 상담을 요청한 결혼 2년차 신혼부부도 그런 경우였죠. 맞벌이로 일하다가 아내가 임신을 한 이후 외벌이로 전환됐는데, 갑자기 소득이 줄어 상담을 신청했다고 하더군요. 그들은 매월 생활비와 보험료를 내면 남는 현금 자산이 없다고 했습니다. 과연 무엇이 문제였을까요?

우선 이 부부는 신용카드 사용에 문제가 많았습니다. 카드를 사용하면 매달 내가 어느 정도의 돈을 어디에 사용했는지 알 수 없습니다. 통장을 분리하여 고정 지출로 나가는 비용이 매달 얼마인지 예산을 정하고, 변동 지출을 일주일에 어느 정도 사용할지를 정해야 합니다.

또한 신용카드가 아닌 체크카드를 사용해서 선저축을 할 수 있도록 돈 관리 시스템을 만드는 것이 급선무입니다. 그리고 적금보다 비정기적 지출과 갑자기 발생할 비용에 대비해 가족 상황에 맞게 비상 예비비를 미리 준비해 두어야 빚을 내지 않고 카드를 사용하지 않으면서 생활할 수 있습니다.

보험은 가정의 소득 대비 10%를 넘지 않게 가입해야 합니다. 대부분의 부부가 맞벌이로 출발하지만 출산 후에 외벌이로 돌아설 가능성이 있습니다. 이 가능성을 늘 생각하고 가장의 총소득에 맞춰 기준을 정하는 것이 좋습니다.

마지막으로는 재무 목표에 따른 기간을 고려한 저축을 해야 합니다. 3년 이내에 쓸 자금이라면 정기 적금을 활용해서 준비하세요. 3~10년 이내에 쓸 자금이라면 물가 상승률과 교육비 상승률을 감안한 주식형 펀드가 유리하고, 10년 이상 장기 자금은 보험사의 상품 중에 물가 상승을 헤지^{hedge}, 즉 상쇄할 수 있는 저축 보험인 변액상품으로 준비하는 것이 유리합니다.

 외벌이 가정의 새는 돈

저는 외벌이 가정의 적자 문제에 대해 이야기해 보겠습니다. 번 것보다 많이 쓰는 것에는 다 이유가 있습니다. 소득보다 지출을 많이 하는 가정의 특징은 새는 돈이 의외로 많고, 신용카드 사용 금액이 많다는 것입니다. 아껴야 한다고 생각하면서 가계부를 철저하게 쓰는데도 이런 일이 일어나는 경우가 많습니다.

여기서 남편과 아내가 대립합니다. 보통 남편은 한 달간 열심히 일해서 벌어다 준 돈인데 아내가 많이 써서 적자라고 말합니다. 아내라고 할 말이 없을까요? 열심히 아껴서 살았는데 서운하다며 결국 남편의 소득이 적어서 쓸 돈이 없다고 이야기합니다. 이렇게 서로를 탓하기만 해서는 아무 발전도 없습니다.

중요한 것은 소득은 정해져 있는데 선을 정하지 않고 지출을 하는 것입니다. 그렇기 때문에 적자가 되기 쉬운 거죠. 그러면서도 계속 신용카드를 사용하면 지출이 또 그만큼 늘어나게 되는 것입니다. 예를 들어 볼까요? 이번 달에 신용카드로 50만 원을 썼다면, 다음 달에는 카드 결제 금액인 50만 원 만큼은 덜 써야 합니다. 그런데 씀씀이를 한 번에 확 줄이는 것이 쉽나요? 평소 습관대로 생활비를 그대로 쓰니 생활비가 또 모자라고, 모자라는 만큼 또 신용카드를 사용하게 되죠.

자신이 그렇게 써 놓고 카드 명세서를 보면 깜짝 놀랍니다. 그 많은 돈을 어디에 썼나 생각해 보면, 또 기억이 잘 나지 않습니다. 이런 일이 매달 반복되죠. 그러다 결국 가정 경제는 적자 구조를 벗어나지 못하고 부채는 점점 늘어납니다.

문제는 신용카드를 쓰면 새는 돈이 많다는 것에 있습니다. 재무 상담을 하다 보면 꽤 많은 사람이 카드값 때문에 고민합니다.

"생활비 말고는 딱히 쓰는 데도 없는데 이상하게 카드값이 많이 나와요."

사실 신용카드를 사용하는 것은 대출을 하는 것과 다를 바가 없습니다. 먼저 사용하고 갚는 구조이다 보니 실질적으로 지출 통제가 어렵습니다.

이런 사람들은 또 현금이나 체크카드를 쓰는 것은 싫어합니다. 편하니까 카드를 쓴다고 하면서 말이죠. 예산을 미리 정한 한도에서 사용하는 것을 실천하기 어렵다면 과감하게 신용카드 사용을 중단할 줄도 알아야 합니다. 지출이 통제되어야 조금이라도 저축을 할 수 있는 여력이 생기기 때문이죠. 생각은 하는데 실천을 못하겠다고요? 그러면 또 급여를 받자마자 카드값을 갚느라 남는 돈이 없고 또다시 신용카드를 사용하는 악순환을 반복해야 합니다. 무엇이 가정 경제를 위한 길인지 생각하고 결단을 내리기를 바랍니다.

끝으로 외벌이 가정이 가장 주의해야 하는 것은 소득 감소에 대비한 비상 예비비를 준비하는 것입니다. 보장성보험, 연금저축과 같은 금융 상품을 일부 조정하는 것만으로도 현금흐름을 개선할 수 있습니다.

이 달도
월급이 통장에 스치운다

"엄마, 빨리 와!"

파란만장 부부의 냉전은 공식적으로 막을 내렸다. 부부는 아이들과 약속한 대로 경기도 외곽의 테마 파크로 소풍을 왔다. 민재와 민서는 엄마, 아빠가 화해해서 기쁜지 무척 신이 나 있었다. 아이들의 웃음 가득한 얼굴을 보면서 파란 씨도 애써 웃음을 지어 보였다. 하지만 마음속에 우울함이 그늘처럼 남아서 쉽게 사라지지 않았다.

'애들 아빠도 노력한다고 했으니까 또 한 번 속아야지 어쩌겠어.'

'노력한다', '잘하겠다'라는 말을 수도 없이 반복했지만 늘 제자리였던 지난날이 떠올랐다. 하지만 아직 어린 두 아이를 봐서라도 힘을 내야 했다.

앗, 그런데 저게 뭐지? 멀찌감치 앞서간 아이들과 남편이 기념품 가게 앞에 멈춰 서 있었다. 남편은 카드를 꺼내어 무언가를 결제했다. 파란 씨는 남편과 아이들이 있는 곳으로 잽싸게 뛰어갔다.

"뭐 샀어?"

"엄마! 이것 봐, 예쁘지?"

민서는 토끼 머리띠와 강아지 풍선을 들고 있었고, 민재는 장난감 총을 들고 선글라스를 끼고 있었다.

"이게 다 얼만데?"

"얼마 안 해."

"뭐라고?"

남편의 말에 파란 씨의 눈에서 레이저빔이 발사되었다. 강철도 뚫을 것 같은 날카로운 눈빛을 보자 만장 씨는 흠칫 놀랐다. 바로 어제까지도 돈 문제 때문에 분위기가 냉랭했던 것을 잠시 잊고 있었다.

파란 씨는 버럭 소리를 지르고 싶은 것을 겨우 참았다. 곧 바람이 꺼질 풍선과 내구성이 약한 싸구려 장난감을 비싸게 주고 산 남편이 너무 얄미웠다. 애들이 사고 싶다고 해도 말려야지. 여기서나 가지고 놀지, 집에 가면 거들떠도 안 볼 텐데.

"아, 알았어. 내 용돈에서 까."

'말이나 못하면 밉지나 않지. 아이들이 먹고 싶다고 해서 오는 길에 간식과 음료수를 사 먹인다고 벌써 2만 원 가까이 썼는데. 점심은 김밥으로 때우더라도 저녁은 들어가는 길에 사 먹어야 되는데…….'

오늘 하루에만 십만 원 이상 쓸 것을 생각하니 파란 씨는 벌써부터 골치가 아팠다. 하지만 기분 전환을 위해 여기까지 왔으니 일단 돈 생각은 접고 참기로 했다.

"엄마! 우리 저기 가 보자!"

민재가 가리킨 곳에는 '시간을 달리는 가족'이라는 이름의 테마 극장이 있었다. 그런데 극장 근처에 사람이 한 명도 없고 어두컴컴한 게 분위기가 수상쩍어 보였다. 파란 씨는 극장 안으로 들어가면 뭔가 이상한 게 나오지 않을까 무서웠다.

"그래, 어서 가 보자. 여보, 당신도 빨리 와."

기념품 가게 앞에서 시간을 끌다가는 파란 씨가 화를 낼지도 모른다고 생각한 만장 씨는 아이들을 데리고 얼른 테마 극장 안으로 들어갔다. 파란 씨도 할 수 없이 따라 들어갔다.

'시간을 달리는 가족'은 가족의 과거와 미래를 보여 주었다. 10년 전, 10년 후, 20년 후라고 적혀 있는 방에 들어가면 커다란 거울에 가족의 앞날이 그려졌다.

"엄마, 10년 전에 우리는 없었어?"

민서가 엄마에게 물었다.

"그때는 엄마랑 아빠가 결혼하기도 전이야."

10년 후, 20년 후로 넘어갈수록 아이들은 쑥쑥 자랐고, 파란 씨와 만장 씨는 나이가 들어갔다.

"아하하하! 아빠 봐. 완전 할아버지야!"

아이들은 뭐가 그렇게 재미있는지 깔깔거리며 웃었다.

'아이들도 잘 크고 우리도 노후 걱정이 없어야 할 텐데.'

파란 씨는 머릿속에 걱정이 가득해서 아이들과 함께 웃을 수 없었다. 테마 극장의 마지막 방은 가족의 꿈이 이루어지기를 기도하는 '소원의 방'이었다. 만장 씨 가족은 이곳에서 소원을 빌었다. 만장 씨가 파란 씨에게 다정한 말투로 물었다.

"당신, 뭐라고 빌었어?"

"우리 가족의 건강과 행복 말고 바랄 게 뭐가 있겠어."

"나는 돈 많이 벌게 해 달라고 빌었어. 우리 마누라 돈 걱정 없게, 아주 돈벼락 좀 왕창 맞게 해 달라고."

파란 씨는 만장 씨를 째려보다가 화를 낼 기력도 없어서 피식 웃고 말았다.

"왜? 당신 지금 나 비웃어?"

"비웃는 게 아니고요. 이 달에도 월급이 통장을 스쳐 지났거든요. 방금 3만 원 넘게 써 버린 사람은 또 누구죠? 돈벼락 맞기를 기다리지 말고 있는 돈이라도 좀 아낍시다, 네?"

아내의 말에 만장 씨는 입을 다물었다. 따지고 보면 다 맞는 말이었다.

아직도 낭비되는 돈이 있다?

매달 월급이 통장을 스치기만 하고 금세 사라지지 않나요? 카드값, 대출금, 보험금, 각종 요금 등이 빠져나가고 나면 통장이 텅 빈 '텅장'이 되고 말죠. 많은 사람이 '맞아, 내 이야기야'라고 생각하실 겁니다.

어릴 때 부모님께 공부하라는 잔소리를 들어 보셨나요? 부모님께서 어떻게 말씀하셨나요? "모든 일에 때가 있듯 공부도 그래. 공부할 수 있을 때 열심히 해"라고 하시지 않으셨나요? 그때는 그 말의 의미를 잘 몰랐습니다. 그런데 나이가 들어 어른이 되고 보니 알겠더군요. 그때가 아니면 할 수 없는 일, 시기를 놓쳐서는 안 되는 일이 있다는 것을.

재테크도 마찬가지입니다. 돈은 모을 수 있을 때 모아야 합니다. 가족의 생애 주기를 그려 놓고 가족 생활과 노후 생활로 나누어 재테크를 준비해야 하는 이유도 여기에 있습니다. 또한 약속 장소에 10분 정도 여유롭게 도착하면 마음이 편하듯 재테크도 먼저 시작하는 쪽이 유리합니다. 그런 의미에서 30대 가정은 희망이 있습니다. 아직 자녀가 어려 교육비와 양육비가 크게 지출되지 않으니까요. 지금부터 10년 동안은 재테크에 집중할 시기라고 생각하시면 됩니다.

그럼 어떻게 해야 월급이 통장을 스치고 통장이 '텅장'이 되어서 월급 고개를 힘겹게 넘어가는 이런 상황에서 탈출할 수 있을까요? 첫째, 보통 가계부를 쓰는 것을 먼저 생각하는데, 가계부를 쓰는 것보다는 지출할 때 체크카드를 사용하는 습관을 기르는 것이 중요합니다. 가계부의 목적은 계획적인 지출을 하기 위함인데, 정작 가계부를 쓰는 시점은 지출을 한 다음입니다. 따라서 내가 어디에 얼마를 썼는지 확인하는 용도로 사용하는 경우가 대부분이죠. 반성문을 쓰는 것도 아니고 노력 대비 효과가 그리 크지 않습니다. 그 대신 체크카드를 사용하고 일주일 또는 한 달에 한 번씩 지출 내역을 확인해 항목별로 분류해 보세요. 한 달 예산이나 새어 나가는 돈을 확인할 수 있습니다.

둘째, 꾸준히 저축하는 습관을 길러야 합니다. 재테크 초보자들이 저지르는 실수 중 하나가 적금 상품에 가입하고, 무리하게 높은 금액을 적금에 투자하는 것입니다. 그러다가 생활비가 부족해 몇 개월 유지하지 못하고 해약하고 말죠. 꾸준히 저축하는 습관을 기르기 위해서는 저축 가능한 금액이 얼마인지 확인한 후에 꾸준히 돈을 모아야 합니다.

셋째, 짠테크에 도전해 보는 것입니다. 짠테크란 짠돌이, 짠순이 마인드로 한 푼이라도 새는 돈을 아끼는 것을 말하는데요. 작은 돈이라도 절약하는 습관을 기르는 것이 중요합니다. 우리가 실천을 하지 않아서 그렇지 일상생활에서 쉽게 돈을 모을 수 있는 방법이 있습니다. 대표적으로 휴대폰, 인터넷, 텔레비전 요금 등을 결합하거나 가족들의 통신사를 결합하는 방법이 있죠. 데이터 사용량, 휴대폰 요금 등을 파악해서 알맞은 요금제를 사용하면 통신비를 절약할 수 있습니다. 또한 커피값이나 담뱃값, 점심 식사 비용을 생각 없이 소비하면 하루 고정 지출만 1~2만 원이 듭니다. 커피와 담배를 줄이고 식사를 할 때 저렴한 메뉴를 선택하거나 도시락으로 점심 식사를 해결해서 지출을 줄여 보세요. 낭비되는 돈을 절약할 수 있습니다.

 저축, 보험료를 점검해 보세요

이번에는 생활비도 절약하고 있고 대출도 없는데 적자가 나는 가정에 대해 알아보겠습니다. 한 30대 가정의 경우를 소개하겠습니다. 이 가정은 월 소득은 240만 원인데 총지출은 260만 원으로, 매월 20만 원씩 적자가 나는 것이 고민이라며 대출이 있는 것도 아니고, 큰돈이 나갈 일도 없는데 적자인 이유를 알고 싶다고 했습니다. 그들의 재정 상태를 살펴보니 저축이 너무 의욕적인 것이 문제였습니다.

이 가정의 남편은 직업 군인이라서 군인 공제를 통해 저축을 하고 있는데 월 한도 금액인 75만 원을 꽉 채워서 납입하고 있었습니다. 잠깐 설명을 드리면 군인 공제 저축은 장기 상품으로, 퇴직 시에 목돈을 만들기 위한 상품입니다. 금리가 시중 금리보다 높아서 많이들 가입하는데요. 따라서 거치 기간은 똑같이 하되, 대신 원금을 200% 보증해 주는 상품으로 나눠서 가입하는 것을 추천했습니다. 이런 경우에는 저축액을 75만 원에서 20~30만 원 정도로 조정하고 나머지는 투자 자산으로 배분하도록 하는 것이 좋습니다.

또한 이 가정은 매월 30만 원씩 정기 적금을 납입했습니다. 그런데 적금을 들 때는 실질 금리에 대해 알아야 합니다. 예를 들어 백만 원으로 1년 정기 적금을 가입했다고 가정하면, 총 원금이 1천 2백만 원이죠. 그런데 첫 번째 달의 백만 원은 1년 간 유지가 되어 1년치 이자인 4%를 다 주지만 두 번째 달에는 11개월치인 3.6%, 마지막 달은 백만 원이 한 달만 있다가 튕겨 나오기 때문에 0.3%만 줍니다. 여기에 세금 공제가 1.7% 들어갑니다. 세금을 떼고 실질 금리를 따져 보면 0.85%입니다. 모든 자산을 정기 예·적금으로 운용하는 것은 가난을 예약하는 것과 같다는 말이 무슨 뜻인지 알 수 있는 대목입니다.

그래서 시중의 은행 적금으로 납입하던 30만 원을 분산 저축하도록 제안했습니다. 군인 우대 적금은 이자가 5%라서 일반 적금보다 훨씬 유리합니다. 따라서 단기 적금으로 1년 만기를 채울 것을 권했습니다. 왜 1년이냐고요? 3년 이내 저축은 안전한 적금이 좋지만 10년 이상 장기의 경우에는 수익률이 더 중요합니다.

수익률이 좋은 금융 상품이란 물가 상승률을 커버할 만큼 돈을 모을 수 있는 상품을 말합니다. 예를 들어 자녀 대학 등록금 1억 원을 26년 동안 모은다고 생각해 보세요. 물가 상승률로 4%가 오른다고 가정했을 때, 지금의 1억 원은 26년 후에 2억 7천만 원 정도가 됩니다. 따라서 1억 원을 모아야 하는 것이 아니라 2억 7천만 원을 모아야 하죠. 이 2억 7천만 원을 모으려면 물가 상승률 4%보다 높은 수익률을 추구해야 합니다. 따라서 10년 이상 장기의 경우는 금리, 즉 수익률이 매우 중요합니다. 10년 이상 장기 상품은 공시이율 상품보다는 수익률에 따라 이자가 붙는 변액 상품에 가입하는 것이 좋습니다.

마지막으로 보험으로 인한 지출이 남았는데요. 보장성보험은 소득 대비 10%가 적정합니다. 그런데 이 가정은 소득 240만 원 중에서 보험료를 36만 원 납입하고 있었습니다. 월 소득 대비 15%를 보험료로 지출하고 있는 것이죠. 실질적으로 보장을 받을 수 있는 특약은 제대로 가입되어 있지 않았습니다.

그래서 보장 내용은 좋게 하면서 가족 전체 보험료는 36만 원에서 19만 원으로, 매월 17만 원을 절감하도록 했습니다. 매월 17만 원씩 30년 동안 저축하면 원금이 6천만 원이 넘습니다. 30년은 원금의 두 배 이상 수익을 낼 수 있는 시간입니다. 보험 리모델링을 통해 30년 후 최소 1억 원 이상의 자산을 더 만들 수도 있습니다.

여러분도 과도한 저축과 보험료 지출로 마이너스를 면하지 못하고 있다면 적금이 과도하지 않은지, 보험 리모델링이 필요하지 않은지 살펴보고 조정해 보시기 바랍니다.

우리 집을
구해 주세요

그날 밤 파란 씨는 자신의 배를 내려다보고 깜짝 놀랐다. 크게 부풀어 오른 게 꼭 만삭일 때 같았다. 하지만 이내 안심했다.

'아, 지금 꿈을 꾸고 있구나.'

그러나 한편으로는 꿈이라고 하기엔 부풀어 오른 배가 너무나 생생해서 마음이 찜찜할 정도였다. 파란 씨는 아이들과 소풍을 다녀와 피곤해서 그렇다고 생각하고 다시 잠을 청했다. 그리고 곧 깊게 잠들었다.

휴대폰 알람이 울리는 걸로 봐서 아침인가 보다. 또 다시 월요일! 힘겨운 한 주가 시작됐다. 어서 아이들을 깨워서 씻기고 출근 준비하고 대충 주먹밥이라도 먹여야 하는데, 이상하게 몸이 너무 무거웠다. 파란 씨는 꼼짝도 하기 싫어서 일단 알람을 꺼 버렸다.

"여보, 당신이 애들 좀 깨워 줘. 몸이 너무 안 좋네."

파란 씨는 손을 뻗어서 만장 씨의 어깨를 흔들었다.

"알았어. 아, 피곤해……."

만장 씨는 겨우 몸을 일으켜 비몽사몽 상태로 아이들 방으로 갔다.

'나도 얼른 씻고 출근 준비해야지.'

생각은 그렇게 하면서도 파란 씨는 손가락 하나 까딱하고 싶지 않아 계속 침대에 누워 있었다. 그때 만장 씨의 목소리가 들렸다.

"여보! 애들이 없어!"

"무슨 소리야. 자던 애들이 왜 없어!"

파란 씨는 얼른 몸을 일으켰다. 그런데 상체가 너무 무거워서 바로 앉을 수가 없었다. 왜 그런가 싶어 배를 내려다보니 꿈에서처럼 만삭 상태였다.

'아, 내가 아직도 꿈을 꾸고 있구나.'

꿈이 아니라면 달리 설명할 길이 없는 일이었다. 파란 씨는 어서 꿈에서 깰 생각으로 머리를 좌우로 힘껏 흔들었다.

"아니, 애들이 없다는데 도대체 지금 뭐하…… 여보! 당신 배가 왜 그래?"

만장 씨의 동공이 곧 튀어나올 것처럼 커졌다.

"이거 지금 꿈이야. 내가 어젯밤에도 꿈을 꿨는데……."

"무슨 소리야! 거울 좀 봐. 얼른!"

두 사람은 나란히 서서 화장대 거울을 봤다. 만장 씨 말처럼 파란 씨는 만삭이었다. 무슨 일인지 영문을 알 수 없었다. 그뿐만이 아니었다. 아이들을 키우느라 힘들어서 짧게 자른 머리는 온데간데없고 긴 생머리가 치렁거렸다. 그리고 훨씬 앳된 얼굴을 하고 있었다. 그러고 보니 파란 씨만 달라진 것이 아니었다. 만장 씨는 두 사람이 신혼 때처럼 날씬했다. 피부도 주름 하나 없이 팽팽했다.

"이게 대체 무슨 일이야?"

"여보, 우리 혹시 어제 테마 극장에서 본 것처럼 과거로 돌아간 거 아닐까?"

"무슨 말도 안 되는 소리야?"

"말도 안 되는 거 나도 아는데, 지금 상황이 그렇잖아. 애들은 없고 당신은 만삭이고, 우리 모습은 꼭 신혼 때 같고."

파란 씨는 휴대폰을 들어 시간을 확인했다. 날짜는 그대로였다. 시간과 공간은 그대로인데, 파란만장 부부만 과거로 돌아간 것이다.

"이제 어떻게 하지?"

아내의 질문에 만장 씨는 뭐라고 대답해야 할지 몰랐다. 그저 우리 가족을 구해 달라고 신에게 비는 수밖에.

30대 가정의 재무 문제&솔루션

1. 대화의 기술을 장착하라

대화의 목적은 서로의 문제점을 지적하고 비난하는 것이 아니라 가정 내 문제를 개선하고 해결책을 찾기 위한 것이다. 그런데 돈에 대한 대화를 하면 싸움으로 번지는 경우가 많다. 이럴 때 필요한 것이 바로 대화의 기술이다.

일단 대화를 하기에 앞서 '나를 위한 것이 아니라 우리 가정을 위한 대화'라는 사실을 명심해야 한다. 이때 여성은 잔소리, 남성은 순간을 모면하려는 행동을 해서는 안 된다. 서로를 이해하는 긍정적인 태도가 필요하다. 우리 가정 경제의 현재 상황을 정확히 파악하고 인지해야 하며, 문제점을 공유하고 그 해결책을 같이 고민해야 한다.

2. 점점 늘어가는 대출

30대는 소득 상승보다 생활비(고정 지출과 변동 지출)의 증가가 훨씬 빠르게 진행되는 시기이다. 특히 엄마에게 빌린 돈 다음으로 잘 갚지 않는다는 마이너스 통장이 문제이다. 또한 30대는 집을 늘리거나 구입하는 시기이기 때문에 주택

담보 대출 역시 큰 문제이다.

대출 발생 전후에는 상환 기간, 매월 상환 금액 등 대출 상환 계획을 반드시 세워야 한다. 신용 대출, 마이너스 통장, 보험의 약관 대출, 주택 담보 대출 등 여러 대출이 있다면 이자율이 높은 대출부터 상환해야 한다. 대출의 발생은 곧 고정 지출의 발생을 의미한다. 지출이 발생하면 가정의 소득에서 쓸 수 있는 금액이 줄어들 뿐 아니라, 미래를 위한 준비에도 차질을 준다.

3. 집, 집이 문제야!

30대는 정말이지 집이 문제이다. 집을 살 것인가, 말 것인가를 신중하게 생각해 볼 필요가 있다. 가정의 안정적인 주거 환경과 보금자리를 만들기 위한 것인지, 자산의 가치를 높이기 위한 것인지 잘 따져 봐야 한다.

만약 우리 가정의 행복한 보금자리를 마련하는 것이 목적이라면, 가정의 현금 흐름을 다시 한 번 점검하고 충분한 여력이 되는 지역, 장소, 평형 등을 고려해야 한다. '하우스 푸어House Poor'라는 말을 많이 들어 보았을 것이다. 현금 흐름이 엉망이고 미래를 위한 준비를 전혀 할 수 없다면 집이 과연 꼭 필요할까? 집은 소유가 아닌 사용의 관점에서 접근해야 한다.

자산의 가치를 올리기 위한 투자를 목적으로 한다면 평소 비싸고 사기 힘든 곳이라고 생각했던 곳을 눈여겨 볼 필요가 있다. 예를 들면 한강이 보이는 곳, 부자들이 많이 사는 곳, 강남 등 앞으로의 부동산 가치는 오르는 곳만 오르는 경향이 더욱 심화될 것이다. 지금은 예전처럼 일단 사 두면 가격이 오르는 시기가 아니다.

4. 아이가 정말 원하는 교육인가요?

소득은 제자리인데 물가 상승은 빠르게 진행되고, 교육비는 가파르게 올라가는 것이 대한민국의 현실이다. 상당수의 학생이 대출을 받아 대학 등록금을 해결하고 있다. 부모가 교육비에 대한 준비를 잘해 두는 것도 중요하지만, 이제는 관점을 달리할 필요가 있다. 정말 자녀가 원하는 교육인지, 아니면 부모의 만족을 위한 교육인지 따져 봐야 한다. 무조건 교육비를 줄이라는 것이 아니다. 우리 자녀가 원하는 것이 어떤 것인지 확인한 후에 자녀의 꿈을 위한 계획을 세워야 할 필요가 있다.

CHAPTER 2

나 다시
신혼으로
돌아갈래!

그때는
출산을 너무 몰랐지

시간을 달려 신혼으로 돌아간 파란만장 부부. 영문을 몰라 어안이 벙벙했지만 해결할 방법이 떠오르지 않았다. '테마 파크에 항의를 할까?' 하는 생각도 해 봤지만 세상은 그대로인데 두 사람만 과거로 돌아갔다는 것을 누가 믿어 주겠는가? 만장 씨는 골똘히 생각에 잠겼다가 아내에게 말을 건넸다.

"말도 안 되는 일이 벌어졌지만 이미 이렇게 된 걸 어쩌겠어. 내 생각에는 이 일을 찬스로 생각하는 게 좋을 것 같아. 솔직히 말해서 당신 우리 결혼 생활에 불만 많았잖아. 이왕 이렇게 된 거 다시 한 번 잘 살아 본다고 생각하는 게 어때?"

"다시 살아서 잘 산다면야 다행인데, 그게 아니면 그 고생을 또 해야 되잖아. 난 당장 애 낳는 것도 무서워."

"안 좋게만 생각하지 말고. 당신이 나 못 미더워 하는 거 아는데, 나 한 번만 믿어 줘. 내가 책임감 있게 잘할게."

만장 씨의 말을 들으니 파란 씨의 마음이 조금 누그러지는 듯했다. 게다가 만장 씨는 28세, 파란 씨는 26세다. 잃어버린 줄만 알았던 청춘을 다시 찾은 것 같아서 젊어진 게 싫지만은 않았다. 하지만 파란 씨는 남편의 말을 믿을 수 없었다. 그저 이런 어처구니없는 상황에서 자신을 배려해 주는 게 고마울 뿐이었다.

"당신, 민재랑 민서 태어난 다음에 제일 힘들었던 게 뭐야?"

"출산을 대비하기는커녕 출산이 뭔지도 모르고 덜컥 애부터 낳았던 게 후회됐어."

아내의 말을 들으니 민재가 막 태어났을 때가 떠올랐다. 임신과 출산을 하면 달라지는 것이 한두 가지가 아니었다. 막연히 변화가 생길 것이라고 예상했던 것과 다르게 너무 많은 것이 달라졌다.

흔히 임신과 출산을 하면 증가하는 게 있고 감소하는 게 있다고 한다. 무엇이 증가할까? 일단 체중이 증가한다. 파란 씨의 몸이 무거워졌다. 임신을 하면서 10~15kg쯤 체중이 늘었고 몸이 무거워지니 귀차니즘도 같이 증가했다. 파란 씨는 움직이기도 힘들고 만사가 귀찮다고 했다.

파란 씨는 만장 씨가 빨리 퇴근해서 자신을 돌봐 줬으면 했지만, 하필 그 무렵에 이직을 한 만장 씨는 새로운 회사에 적응하느라 야근과 회식이 끊이지 않았다. 호르몬 때문인지 파란 씨는 자주 짜증을 부렸고 자연스럽게 부부 싸움도 늘었다. 그런 와중에 첫 출산이다 보니 아기 용품을 하나하나 다 사야 해서 지출이 크게 늘었다.

반대로 줄어드는 것도 있었다. 일단 만장 씨의 주량이 줄었다. 회식 자리에 갈 때마다 눈치가 보였고, 친구를 만나거나 집에서 가볍게 한잔하는 것도 꿈을 꿀 수 없었다. 민재가 태어난 후에는 툭 하면 밤에 깨서 우는 바람에 아내와 교대로 민재를 달래야 했다. 상황이 이렇다 보니 술과 점점 멀어졌다. 뿐만 아니라 개인적인 시간, 수면 시간도 같이 감소했다. 이것이 전부가 아니었다. 민재가 커 가면서 은행 잔고는 정말 빠른 속도로 줄어들기 시작했다.

"다시 또 그때 일을 겪어야 한다니 자신이 없어. 확실한 대비책이 있어야지, 그냥 무턱대고 다시 산다고 모든 일이 잘 될까?"

아내의 말을 듣다 보니 만장 씨도 점점 자신이 없어졌다. 출산과 육아에 대한 확실한 대비책, 누가 속 시원하게 알려 줬으면!

출산은 시작일 뿐

아이가 없을 때는 부부 중심의 삶을 살지만 아이가 태어나면 부부 중심의 삶에서 자녀 중심의 삶으로 바뀌게 되죠. 삶의 중심이 아이에게 갈 수밖에 없습니다. 경제 사정도 마찬가지입니다. 출산과 육아에는 적지 않은 비용이 드는데 만약 이것이 제대로 준비되어 있지 않다면 가정 경제는 휘청거릴 수밖에 없습니다.

먼저 출산부터 이야기해 볼까요? 아이를 낳는 방법은 두 가지가 있습니다. 자연 분만으로 낳게 되면 50~70만 원 정도의 비용이, 제왕절개 수술을 하게 되면 100~150만 원의 비용이 들어갑니다.

여기에 출산을 한다고 끝나는 것이 아니죠. 출산은 시작일 뿐입니다. 최근 3년간 출산을 경험한 여성 4명 중 1명은 4주간의 산후조리에 3백만 원 이상을 썼다고 합니다. 핵가족화가 진행된 요즘은 산후조리를 할 때 부모님의 도움을 받는 것이 어렵죠. 남편의 출산 휴가도 보통 4일로, 그리 길지 않아요. 그래서 많은 사람이 산후조리원을 이용하는데, 그 비용이 2주에

69

평균 250만 원 정도입니다. 산모가 조리원에서 나와 집으로 가면 산후도우미의 도움을 받는데, 이 비용은 2주에 100~150만 원 정도입니다. 출산 후 4주에 3백만 원, 많게는 5백만 원 가까이 지출을 하게 되는 것입니다.

만약 이 돈을 '자녀 출산 자금'이라는 이름으로 미리부터 준비해 왔다면 어떨까요? 신용카드 할부에 기대지 않아도 되겠죠? 그런데 출산부터 산후조리원 비용까지 완벽하게 준비하는 사람이 얼마나 될까요? 대부분의 사람은 급한 대로 신용카드를 사용합니다.

부부 사이에 아이가 생기는 것만큼 커다란 축복은 없습니다. 그런데 왜 지금 이 시대는 이 기쁜 일을 앞에 두고 돈 걱정부터 해야 하는 것일까요? 왜 이런 일이 생기는 것일까요? 예전에는 모든 것을 정부가 컨트롤하며 다 해 줬던 반면, 이제는 정부가 작은 정부로 바뀌었습니다. 정부가 기업의 활동에 대해 컨트롤이나 제재를 덜하게 된 거죠. 말 그대로 자유를 준 거예요. 그 결과 나타난 현상이 부자는 계속 부자가 되고, 가난한 사람은 계속 가난해지게 되는 것입니다.

원인을 파악하기 위해 기업의 역할에 대해 알아볼까요? 기업은 상품, 서비스를 팔아서 이윤을 남깁니다. 어떻게든 상품과 서비스를 팔아야 하니 텔레비전, 홈쇼핑, 인터넷으로 더 좋은 것, 더 비싼 것을 사라고 광고하며 부추깁니다. 광고를 보는 우리는 자연스럽게 세뇌되죠. 아이에게 국산 분유를 먹여도 되는데 군이 독일제 분유를 먹이고, 저렴한 국내 유모차를 사용해도 되는데 엄마와 시선을 꼭 맞출 수 있는 비싼 유모차를 구입합니다. 또한 아이들은 자신이 입은 옷의 브랜드가 무엇인지도 모르는데, 아이에게 명품 브랜드 옷을 입힙니다. 그러는 사이 소비에 대한 우리의 기준점은 점점 더 높이 올라갑니다.

이것이 전부 기업의 마케팅 전략 때문입니다. 맞벌이를 하다가 외벌이로 전환하기라도 하면 수입은 반으로 줄어드는데, 지출은 계속 증가합니다. 저축할 여력도 없는데, 나머지 부분은 어떻게 해결하죠? 대부분 신용카드나 할부로 해결합니다. 결국 한 달 벌어서 겨우 적자만 면하며 살 수밖에 없어요.

결론은 출산을 앞둔 예비 엄마, 아빠는 출산에 대해 진지하게 생각해야 한다는 것입니다. 출산은 우리가 생각했던 것보다 훨씬 많은 돈과 준비가 필요합니다. 우리 아이들을 학자금 대출을 갚아 나가는 사회 초년생으로 만들지 않기 위해서는 임신 단계에서부터 철저한 준비와 대책이 필요합니다. 결코 쉽지 않은 일이지만 미리 낙담하지 마세요. 긴 시간 준비하면 누구나 해낼 수 있는 일이니까요.

우리 집 재무 상태, 외면하지 마세요

곧 있으면 2세가 태어난다고요? 정말 축하할 일이네요. 그런데 앞서 알파女가 말한 대로 아이들을 키우고 가르치는 데에는 비용이 듭니다. 그 액수가 만만치 않죠. 아이 한 명을 대학까지 보내는 데 드는 비용이 대략 2억 3천만 원이라고 합니다.

우리 아이는 공부 스트레스를 주지 않고 소박하게 키울 거라고요? 자, 그렇다면 출산을 앞둔 파란만장 부부가 아들 민재를 어린이집 혹은 유치원에 보낸다고 가정해 보겠습니다. 국가에서 15만 원을 보조 받더라도 별도의 학원 수업으로 태권도 15만 원, 영어 20~40만 원, 피아노 10만 원, 미술 10만 원 정도가 들어갑니다. 이렇게만 배워도 한 달에 50~70만 원이 들죠. 여유가 있어서 영어 유치원에 보낸다면 한 달에 최소 150~200만 원이 들어갑니다. 영어 유치원에 보내다가 비용 압박이 너무 커서 중간에 그만두게 하고 일반 유치원으로 보내면 아이가 적응을 하지 못하는 경우가 많습니다.

그렇다면 출산을 앞둔 예비 엄마, 아빠는 어떻게 해야 할까요? 저는 가장 먼저 가정의 재무 목표를 정해야 한다고 생각합니다. 부부 중에 한 사람이 마음대로 재무 목표를 정할 수는 없겠죠? 부부가 얼굴을 마주하고 이 부분에 대해 허심탄회하게, 구체적으로 대화해야 합니다. 예를 들면 이런 식이죠.

"6개월만 있으면 아이가 태어나고 2년 뒤에는 전세금을 올려 줘야 해요. 어떻게 해야 할지 우리 의논해 봐요."

일단은 가족 앞에 놓인 중요한 재무 이벤트(경제적 이슈)를 미리 꼽아 보고 계획을 세운 다음 중요도에 따라서 우선순위를 정해 봅니다. 그런 후에 가정의 재무 상태를 점검하고 가정 경제를 돌아보는 시간을 가져야 합니다. 지금 우리 가정이 보유하고 있는 총 자산을 부채와 자산으로 구분하고 순자산의 규모가 얼마인지 파악하는 것이 급선무입니다.

우리 집 재무 상태

재무 상태	
자산	부채
현금과 현금등가물	단기 부채(신용카드)
사용 자산	장기 부채(주택 담보, 자동차 할부)
투자 자산	순자산

왜 순자산에 대해 알아야 할까요? 순자산의 변화는 그 가정의 재정 건전성을 나타내는 중요한 지표입니다. 또한 재무 목표 달성 가능성 여부를 파악할 수 있는 지표가 되기도 하죠. 현재 상황을 정확히 진단하는 것은 미래를 위한 첫걸음입니다. 이 사실을 잊지 말아야 해요.

순자산을 파악하려면 빚과 빚이 아닌 자산을 구분 짓는 과정이 반드시 필요합니다. 그렇다면 어떻게 자산과 부채를 구분할 수 있을까요? 보통 자산은 실제보다 높게 잡고 부채는 낮게 잡으려는 경향이 있는데, 객관적인 시각에서 파악해야 합니다.

먼저 자산에 대해 알아보겠습니다. 자산은 크게 현금성 자산, 투자 자산, 사용 자산, 기타 자산으로 분류할 수 있습니다. 현금성 자산이란 언제라도 현금화가 즉시 가능한 자산, 유동성이나 위험 부담이 낮은 자산을 의미합니다. 투자 자산은 미래 수익 발생 가능성을 염두에 두고 보유하는 자산을 뜻하죠. 이는 주식과 간접 운용 펀드, 채권처럼 금융 투자 자산도 있고, 거주용이 아닌 투자 수익을 염두에 둔 투자용 부동산 자산도 있습니다. 사용 자산이란 거주 목적의 부동산 자산(임차 보증금 포함) 등이 포함됩니다.

부채는 가정의 상황과 목적에 따라 조금의 차이가 있을 수 있습니다. 통상적으로 보면 신용카드 미 결제액, 카드론, 자동차 할부금, 학자금 대출, 신용 한도 대출(마이너스 대출), 주택 담보 대출, 임대 보증금 등이 모두 부채 항목에 포함됩니다. 상환 기간에 따라 단기 부채와 중·장기 부채로 분류하기도 하고, 소비자 부채와 주거 관련 부채 등 목적을 염두에 두고 분류하기도 합니다.

아직도 자산인지, 부채인지 헷갈리는 항목이 있다고요? 그렇다면 통장에 지속적으로 돈을 넣어 주거나 그럴 것이라고 기대되는 것은 자산, 반대로 통장에서 지속적으로 돈을 빼내 가거나 그럴 것이라고 예상되는 것은 부채라고 생각하면 됩니다.

이렇게 계산한 우리 집 순자산, 당연히 플러스면 좋겠죠? 하지만 자산 규모가 작다고 해서 낙담하지 마세요. 만약 현재 순자산이 마이너스라면 하루빨리 노력해서 플러스로 전환할 생각을 하고 희망을 가져야 합니다.

여보,
10년 후에 꼭 집 사자

파란만장 부부에게 절대 피할 수 없는, 두려운 일이 벌어지고 말았다. 바로 지금 살고 있는 빌라의 전세 계약 만기가 다가오는 것! 가진 돈에 맞춰 집을 얻고 이사를 하는 게 얼마나 어려운 일인지 9년간의 결혼 생활을 통해 터득한 만장 씨와 파란 씨는 머리를 맞대고 대책 회의를 시작했다.

"우리가 지금 20대로 돌아왔으니까, 신혼이라고 생각하고 시작해 보자."

"그렇다고 무슨 뾰족한 수가 있어? 전세는 씨가 말랐고 내 집 마련은 엄두도 못 내는데."

현실적인 아내의 일침에 만장 씨는 할 말을 잃었다. 그러다가 문득 옛날 생각이 났다.

"우리 결혼한다고 신혼집 얻을 때 기억나?"

"그때도 막막하고 힘들었지, 뭐."

파란 씨는 9년 전에 만장 씨와 둘이서 신혼집을 얻으러 다니던 때를 회상했다. 파란 씨는 3년간 사귄 남자 친구 만장 씨에게 프러포즈를 받고 행복한 꿈에 젖어 있었지만 결혼 준비를 하는 과정에서 결혼은 환상이 아니라 현실임을 깨달았다. 파란 씨가 즐겨 봤던 텔레비전 프로그램 〈우리 결혼했어요〉에 등장한 남녀는 신혼집을 어디에 얻어야 할지, 부족한 전세 보증금은 어떻게 해결해야 할지 고민하지 않았다. 이미 마련된 집에서 알콩달콩 행복하게 사는 모습만 보여 주었다. 순전히 뻥!

"모아 둔 돈이 그것뿐이야?"

파란 씨의 말에 만장 씨는 뜨끔했다. 대기업에 다니고 있으니 결혼 자금을 어느 정도 모아 두었을 것이라 생각했는데 만장 씨는 예비 신부의 기대를 한 방에 무너뜨렸다. 만장 씨가 살고 있던 집은 전세가 아닌, 보증금 천만 원에 70만 원짜리 월세였고, 그가 타는 자가용도 할부금이 천만 원이나 남아 있었다. 만장 씨의 수중에 있는 돈은 3천만 원뿐이었다. 파란 씨가 가진 4천만 원보다도 적었다.

"양가 부모님이 조금 보태 준다고 해도 이 돈으로는 어림없어. 어떻게 할 거야?"

자존심이 상한 것을 겨우 참아 가며 만장 씨가 말했다.

"꼭 서울에 살지 않아도 되잖아. 우리 둘이 살 건데……."

"그럼 어디에서 살아?"

"수원, 용인, 부천도 살기 괜찮대."

"출퇴근이 힘들어지잖아."

"광역 버스 타고 전용 도로 달리면 서울 금방이야."

'말이나 못하면 밉지나 않지.'

결국 두 사람은 신혼집을 구하러 용인까지 갔다. 신혼부부라고 하니 부동산 중개인들이 아파트부터 보여 주었다. 하지만 15평짜리 아파트라도 전세가가 1억 원 이상이었다. 게다가 말이 아파트지 하나같이 오래되고 낡아 있었다. 동네도 딱히 마음에 들지 않았다. 파란 씨는 모든 것이 실망스러웠다.

'이 결혼, 꼭 해야 하는 걸까?'

자신도 모르게 회의감이 밀려왔다. 이건 파란 씨가 꿈꾸던 것과는 거리가 멀었다. 파란 씨는 막연하게 지하철역이 가깝고 대형 마트가 있는 살기 편한 서울의 한 동네에서 신혼 생활을 시작할 것이라고 생각했다. 하지만 결혼 자금이 부족하다는 이유로 만장 씨와 평생을 함께하겠다고 결심한 것을 깨뜨릴 수도 없는 노릇이었다.

결국 두 사람은 아파트를 포기하고 18평짜리 신축 빌라를 택했다. 전세 보증금은 1억 8천만 원이었다. 부모님께 도움을 받아 1억 원까지 마련하고 나머지 8천만 원은 대출을 받았다. 대신에 동네는 파란 씨가 원했던, 교통이 편리하고 편의 시설이 잘 갖추어진 곳이었다. 집 문제가 해결되자 만장 씨는 안도의 한숨을 내쉬었다.

"파란아, 고마워. 우리 열심히 살아서 빚 갚고 집도 사자."

그때는 그 말을 믿었는데, 결혼하고 9년이 지났지만 내 집 마련은커녕 전세 보증금도 부족한 상태였다.

"그래도 우리 그때 결혼 준비하면서 설레고 좋았는데. 그치?"

"그래……."

파란 씨는 말꼬리를 흐렸다. 그리고 속으로 생각했다.

'그때 결혼을 하지 말았어야 하는 건데. 내가 미쳐!'

내 집 마련 전략 짜기

'신혼 생활을 어디에서, 어떻게 시작할 것인가?'

예비부부들의 가장 큰 고민거리죠. 주거 문제가 해결되어야 결혼 생활을 시작할 수 있으니 결혼에 있어서 신혼집 얻기는 시작이자 끝이라고 할 수 있을 정도로 중대한 문제입니다. 파란만장 부부는 8천만 원을 대출 받아 신혼집을 얻었네요. 남의 일 같지 않죠? 실제로 신혼부부 10쌍 중 6쌍이 신혼집과 생활 자금 마련을 위해 빚을 내는 것으로 나타났습니다. 특히 전셋값이 급등한 뒤로는 대출을 받아 주택을 사거나 보증금을 올려 준 신혼부부가 점점 증가하고 있어요.

파란 씨가 집을 얻으면서 많이 실망하는 모습을 보였죠? 다른 예비부부들도 마찬가지입니다. 신혼집을 얻을 때 무리를 해서라도 가능한 좋은 집을 얻으려고 하는 경향이 있죠.

'대출을 조금 받더라도 둘이 벌어서 아끼면 이 정도는 충분히 갚겠지?'

이런 마음으로 일단 지르고 보는 거죠. 그런데 결혼 당시에는 상환 가능한 수준의 빚도 임신이나 출산으로 인해 소득이 줄어들면 어떻게 될까요? 소득은 줄면서 고정 지출은 늘어난다면? 또한 대출 금리라는 것도 그대로 멈춰 있는 게 아니죠. 금리가 상승할 가능성도 염두에 두어야 합니다.

신혼 때부터 무리하게 대출을 받은 부부들이 겪는 정말 곤란한 일이 있죠. 바로 대출을 다 상환하기도 전에 집을 재계약할 시점이 되었는데 보증금이 또 오르는 문제입니다. 이렇게 되면 신혼 때부터 저축은커녕 빚에 끌려 다닐 수밖에 없어요.

물론 집이 크고 안락하면 좋죠. 누구나 그런 집을 꿈꿉니다. 하지만 조금만 더 냉정하게 생각해 봅시다. 부부가 맞벌이를 하면 대부분의 시간을 회사에서 보내고 주말에 잠깐 집에서 쉬는 게 보통입니다. 신혼 때는 주말에 외출도 많이 하기 때문에 집에 있는 시간이 그리 많지 않습니다. 집에 대한 욕심은 준비가 어느 정도 된 다음에 부리는 것이 좋지 않을까요?

여기서 등장하는 개념이 바로 실속 주거입니다. 아파트만 고집하기보다는 다세대, 연립 주택 등에 살면서 자본을 모으는 쪽을 선택하세요. 그런 다음에 내 집을 마련하는 전략을 짜도 늦지 않습니다.

아무리 찾아도 전세가 없다면 반전세를 고려해 볼 수도 있죠. 동시에 청약 통장을 개설해서 민간 분양뿐 아니라 공공 분양이나 장기 전세, 공공 임대 주택에도 꾸준히 지원해야 합니다. 내 집 마련까지는 길게 보세요. 마라톤을 하듯 장기적으로 봐야 합니다. 이자 상환 능력, 집과 직장의 거리, 자녀가 태어났을 때의 교육 환경, 맞벌이 계획 등을 종합적으로 따져 보고 형편에 맞춰서 결정해야 합니다.

'멀더라도 내 집을 갖고 싶어!'

신혼에 이런 마음으로 집을 매입하는 사람이 많습니다. 이렇게 무턱대고 질렀다가 현실적인 문제 때문에 손해를 보면서 집을 파는 사람도 많다는 것을 잊지 마세요. 다시 돌아오지 않을 신혼 생활을 빚이 아니라 저축해서 집을 늘려가는 기쁨으로 채워야 하지 않을까요?

 대출에 대해 얼마나 아시나요?

자, 그럼에도 내 집을 갖고 싶은 신혼부부들은 어떻게 해야 할까요? 요즘처럼 전셋값이 비정상적으로 고공 행진을 하는 때에는 차라리 집을 사는 쪽으로 알아보는 사람이 많습니다. 전셋집을 전전하거나 월세를 내는 것에 지쳐 저축을 포기하는 신혼부부가 그만큼 많다는 것입니다. 신혼부부의 내 집 마련의 꿈은 이루어질 수 없는 것일까요?

내 집 마련에서 피할 수 없는 대출! 어차피 대출을 받아야 한다면 합리적으로 전략을 짜야 합니다. 신혼부부라면 한국 주택금융공사의 디딤돌 대출을 이용할 수 있습니다. 디딤돌 대출은 부부의 합산 연 소득이 6천만 원(생애 최초 주택 구입자는 연 7천만 원) 이하인 경우에만 적용됩니다. 동시에 세대주를 포함한 모든 세대원이 무주택인 가구를 대상으로 합니다. 대출 신청인은 만 30세 이상의 세대주여야 하고 소유권 이전 등기일부터 3개월 이내에 신청해야 합니다. 임대 보증금 반환을 위한 추가 대출을 받을 때에는 소유권 이전 등기일과 관계없이 임대차 계약 종료 전까지 신청할 수 있습니다.

디딤돌 대출은 주택 담보 가치의 최대 70%, 2억 원까지 대출을 받을 수 있기 때문에 당장 목돈이 없는 신혼부부에게 유리합니다. 신청 가능 주택은 면적이 85㎡ 이하이면서 주택 평가액이 5억 원 이하여야 합니다.

자, 그럼 가장 중요한 대출 금리에 대해 알아볼까요? 디딤돌 대출은 대출 만기별, 소득 수준별로 금리를 다르게 적용하는데, 보통 연 2.25~3.15%(우대 금리 추가 적용 가능) 내에서 금리가 적용됩니다. 청약 저축 가입 등 금리를 우대받을 수 있는 조건이 다양하기 때문에 우대 조건을 꼼꼼히 챙겨 봐야 해요. 다자녀 가구는 0.5%, 고령자 및 노인 부양 가구, 다문화 및 장애인 가구, 신혼 가구는 0.2%의 우대 금리를 받을 수 있습니다. 또한 청약 저축 가입 기간과 납부 회차에 따라 0.1~0.2% 추가 우대 금리를 적용 받을 수 있습니다.

　당장 주택을 구입할 이유가 없고 준비 기간을 길게 잡을 수 있는 경우에는 버팀목 전세 자금 대출을 이용할 수 있습니다. 디딤돌 대출이 주택 구입 자금을 빌려 주는 상품이라면, 버팀목 전세 자금 대출은 전세 자금을 빌려 주는 상품입니다. 주택 전세 가격이 집값의 80%에 육박하는 상황에서 전세 자금을 마련하는 것도 만만치 않죠? 국민주택기금의 버팀목 전세 자금 대출을 활용하면 시중 은행에서 빌리는 것보다 낮은 금리로 전세 자금을 마련할 수 있습니다.

　버팀목 전세 자금 대출은 부부 합산 연 소득이 5천만 원 이하인 무주택자를 대상으로 하는데요. 신혼부부는 부부 합산 연 소득이 6천만 원 이하이면 신청할 수 있습니다. 대출 대상 주택은 임차 전용 면적 85㎡ 이하이고 전세 보증금은 수도권은 3억 원, 수도권 외 지역은 2억 원 이하입니다. 가구당 대출 한도는 수도권은 1억 2천만 원, 수도권 이외 지역은 8천만 원입니다.

　이미 버팀목 전세 자금 대출을 이용하고 있는 경우에도 상향된 범위 내에서 추가 대출을 받을 수 있습니다. 집주인이 갑작스럽게 보증금을 인상해도 이자가 비싼 신용 대출이 아닌 버팀목 전세 자금 대출로 전세금 인상을 충당할 수 있습니다.

　대출 금리는 대출 만기별과 소득별로 차등 적용되는데, 일반적으로 연 2.3~2.9% 수준에서 금리가 책정됩니다. 게다가 신혼부부의 경우에는 0.7% 우대 금리가 적용되기 때문에 이자 비용을 아낄 수 있습니다. 이외에도 연 소득 4천만 원 이하 기초 생활 수급자와 차상위층, 한 부모 가정은 1%, 다자녀 가구는 0.5%, 고령자 및 노인 부양, 다문화 및 장애 가구는 0.2%의 우대 금리가 적용됩니다.

보증금이
기가 막혀!

전세 계약 만료를 앞둔 파란만장 부부의 고민은 날로 깊어지고 있다. 집주인이 전세 보증금을 1억 8천만 원에서 2억 2천만 원으로 올려 달라고 통보했기 때문이다. 만장 씨는 우선 알겠다고 하고 근처 부동산을 돌면서 발품을 팔았다.

"나도 같이 가."

"아냐, 당신은 집에 있어. 몸도 무거운데……."

만장 씨는 아내가 몸이 무거워서 고생하는 것도 싫지만 이사 때문에 걱정하는 게 더 싫었다. 곧 있으면 민재가 태어날 텐데 남편으로서, 아버지로서 능력이 없는 것 같아 마음이 착잡했다.

"요즘에 전세는 씨가 말랐다니까요."

"그래도 좀 찾아봐 주세요."

부동산에서는 하나같이 눈 씻고 찾아도 전셋집을 찾기 어렵다는 말만 늘어놓았다. 어쩌다가 전세로 내놓은 집이 있어도 보증금이 지금 사는 집보다 더 비쌌다.

"그래 가지고 어디 집을 구하겠어요? 신혼이면 차라리 월세나 반전세를 알아보는 게 어때요?"

신문이나 뉴스에서 전세 난민 이야기며, 전세 살던 사람들이 울며 겨자 먹기로 월세나 반전세로 갈아탄다는 이야기를 듣긴 했지만 그게 우리 이야기가 될 줄이야!

"곧 아이가 태어날 거라 월세 살면 부담스러워서 안돼요."

"그러면 방법이 없는데 어쩌나?"

만장 씨는 양쪽 어깨가 축 처져서 집으로 돌아왔다. 다음 날, 만장 씨는 도저히 가만히 있을 수 없어 집주인을 찾아가 간절히 호소했다.

"저희 곧 있으면 아이도 태어나는데 제발 부탁입니다. 조금만 깎아 주세요, 네?"

실랑이 끝에 전세 보증금 인상을 천만 원 깎아서 3천만 원으로 합의했다. 하지만 또 대출을 받을 생각을 하니 눈앞이 캄캄했다.

'솔직히 애 낳아 기르고 하면 1년에 5백만 원 모으기도 쉽지 않은데 3천만 원을 올려 달라면 어쩌라는 거지?'

직장에서 동료들과 이야기해 봐도 금수저가 아닌 이상 다들 마찬가지였다. 곧 결혼을 앞두고 있는 김 대리는 결혼 후에도 당분간 오피스텔에서 살면서 신규 분양 아파트를 알아볼 생각이라고 했다.

"요즘 전세 구하기가 하늘에 별 따기잖아요. 마음에 드는 집도 전세가율이 90%더라고요. 깡통 전세는 아닐까 걱정되기도 하고. 이럴 바에는 몇 년 오피스텔에서 살다가 집을 사는 게 낫겠더라고요."

입사 동기 중 한 명도 전세 계약 만기가 3개월 앞으로 다가왔다며 하소연을 늘어놨다. 그나마 이 친구는 부모님이 많이 도와줘서 신혼 생활을 서울에서 시작했고 형편이 좋은 편이었다.

"보증금을 한 번에 8천만 원이나 올려 달라는데 그게 말이나 돼? 그냥 이사하려고. 집사람은 외곽에 있는 아파트를 사자는데 가격도 만만찮고 아이 교육 때문에 안 되겠더라고. 근처에 반전세 괜찮은 것이 나와서 거기로 이사할 생각이야."

동료들도 만장 씨처럼 얼굴에 수심이 가득했다. 끊었던 담배가 생각날 지경이었다. 만장 씨도 파란 씨처럼 신혼집 얻을 때 자신이 했던 말을 떠올렸다.

'10년 후에 집 사자.'

그때 무슨 자신감으로 그런 말을 했지? 내 집은커녕 전세살이도 버거운데. 그는 속으로 되뇌었다.

'파란아, 내가 무능해서 미안해.'

하우스 푸어를 피하려면

저금리 여파로 전세난은 여전히 현재 진행형입니다. 그로 인해 서민들의 전세 보증금 마련에 비상이 걸렸습니다. 정부가 가계 대출 증가를 억제하기 위해 대출 시 소득 심사 기준을 강화하고 은행권 대출 문턱을 높이면서 서민들이 그 여파를 고스란히 맞고 있습니다. 이른바 대출 절벽으로 어려움을 호소하고 있어요.

파란만장 부부는 다행히 집주인을 잘 설득해서 위기를 넘겼습니다. 하지만 모든 집주인이 세입자를 위해 보증금을 깎아주는 건 아니죠. 전세금 부담이 늘어나다 보니, 대출을 받아서 주택을 구입해야 하나 고민하는 사람이 한둘이 아닙니다. 저는 그들에게 이렇게 조언합니다.

"집은 살 수 있는 능력이 되었을 때 사세요."

집을 사는 데 있어서 정말 중요한 것을 무엇일까요? 부동산 시세일까요, 금리일까요? 아닙니다. 가장 중요한 것은 '나의 능력'입니다.

만장 씨처럼 올라간 보증금을 충당해야 하는 가정 또는 내 집 마련을 계획하는 가정이라면 모두 대출을 고려하죠. 그런데 대출을 받기 전에 우선 살펴보아야 할 것이 있습니다. 그것은 바로 각 가정의 자산 현황입니다. 앞서 순자산에 대해 공부하셨죠? 포인트는 '현재 순자산 비율이 얼마인가' 하는 것입니다. 순자산이 적은 편이라면 무리하게 추가로 대출을 받아 주택을 구입하는 것은 최대한 미루는 것이 좋습니다.

자산 대비 부채의 비율이 낮을 때 우리는 '가정 경제의 튼튼한 정도가 좋다'라고 표현합니다. 예를 들어 자산이 1억 6천만 원인데, 부채가 9천만 원이라면 자산 대비 부채 비율이 56%인 셈이죠. 경제가 튼튼한 가정의 부채 비율을 보통 30%로 보는데, 56%면 상당히 높은 케이스입니다. 이럴 경우 대출을 받아서 집을 사게 되면 건전도가 더 낮아집니다. 따라서 우리 가정의 튼튼한 정도가 어느 정도인지 체크한 후에 내 집 마련을 고려해 봐야 합니다.

다음으로 살펴볼 것은 최근의 부동산 상황입니다. 최근에 집값이 상승한 데는 이유가 있죠. 분양가 상한제 탄력 적용이 허용되면서 분양가가 상승하고 전세난에 시달린 서민들이 대출을 받아서라도 집을 구매했기 때문입니다. 현재 상황은 가격 상승의 거의 막바지일 것이라 생각됩니다. 물론 몇몇 특정한 지역을 제외하고는 시장 상황만 봐도 대출을 받아 주택을 구입하라고 권할 수 없습니다.

끝으로 점검해 봐야 할 것이 금리 문제입니다. 미국의 기준 금리가 오르면서 우리나라의 기준 금리도 오를 가능성이 높습니다. 일각에서는 미국의 기준 금리가 3%로 올라가면 우리나라의 기준 금리는 4.5%, 주택 담보 대출 금리는 6.2%가 될 것으로 보고 있습니다. 향후 2~3년 이내에 현재의 대출 금리가 두 배 이상이 될 가능성도 무시할 수 없죠. 따라서 집 구입은 그 이후로 미루는 것이 좋습니다.

만약 청약 저축이 있는 가정이라면 임대 후에 분양되는 아파트를 신청하세요. 임대 후 분양되는 아파트는 5년 혹은 10년 동안은 전세 시세의 80% 수준으로 임대를 합니다. 임대 기간이 끝나면 아파트를 분양 받을 수 있죠.

추가로 공공 분양 아파트 청약도 노려 볼 만합니다. 공공 주택의 경우, 아직 분양가 상한제 규제가 살아 있어 인근 시세 이하의 가격으로 분양을 받을 수 있는 것이 강점입니다. 집을 분양 받은 후에도 가격 하락 위험이 낮다고 볼 수 있죠. 이러한 정보는 LH공사 홈페이지나 마이홈 포털 사이트에서 확인할 수 있습니다. 부동산 전문가들과 상담을 해 보는 것도 좋은 방법입니다.

우리 집 목적 자금 만들기

저는 내 집 마련이라는 재무 목표를 달성하기 위해 목적 자금을 만드는 방법에 대해 이야기해 보겠습니다. 목돈을 만들기 전에 재무 목표를 구체화시키는 것은 매우 중요한 일입니다. 자신의 재무 목표 우선순위를 조정한 후 월 저축 계획을 세워야 안정적인 재무 관리가 가능하니까요. 목표 자금을 준비할 때 가장 중요한 것은 자금의 액수와 필요 시기, 물가 상승률입니다. 내가 가입하는 상품이 물가 상승률을 이겨 내지 못하면 그 저축은 효율성이 떨어지기 때문이죠. 그래서 저금리 시대에는 기대 수익률을 정하고 투자를 하는 것이 꼭 필요하다고 말씀 드리고 싶습니다.

재테크에 관심이 있다면 '목적 자금'이라는 말을 한 번쯤 들어 봤을 것입니다. 목적 자금은 우리가 살면서 완수하는 생애 이벤트, 예를 들면 교육, 결혼, 자동차 구입, 내 집 마련, 노후에 필요한 돈을 의미하죠. 목적 자금을 설명할 때 반드시 필요한 개념이 바로 시간입니다. 자금을 모으는 데 걸리는 시간이 얼마나 걸리느냐에 따라서 단기, 중기, 장기로 나뉘고 전략도 달라집니다.

단기 자금은 1~3년이면 모을 수 있는 자금을 말합니다. 결혼 자금, 자동차 구입 같은 이벤트를 완수하는 데에 적합하겠죠? 1~3년 정도 짧은 기간 내에 목적 자금을 달성하기 위해서는 이율이 낮아도 안정적으로 목돈을 만드는 것이 포인트입니다. 만약 원금 손실이 생기면 목표와 기간을 수정해야 합니다. 그러므로 단기 자금을 모을 때는 안정성이 좋은 정기 적금과 정기 예금을 많이 활용합니다.

여기서 잠깐! 정기 적금과 정기 예금은 어떻게 다를까요? 비슷한 것 같지만 둘은 엄연히 다릅니다. 정기 적금은 일정 금액을 매달 저축하고 만기 원금과 이자를 받는 것이고, 정기 예금은 목돈을 한 번에 넣고 만기 때 원금과 이자를 받는 것입니다. 정기 적금은 목돈을 만들기 위한 수단으로, 정기 예금은 목돈을 늘리기 위한 수단으로 이용해야 합니다.

이제 중기 자금과 장기 자금으로 넘어가 봅시다. 중기 자금은 자금을 마련하는 데 걸리는 기간이 3년 이상, 10년 이하입니다. 교육비와 내 집 마련과 같은 이벤트를 달성하기에 적합합니다. 장기 자금은 적어도 10년 이상은 공을 들여야 자금을 모을 수 있으니 노후 자금을 마련하기에 안성맞춤이죠.

중기, 장기 자금을 만드는 데 있어서 가장 중요한 것은 바로 수익성입니다. 물론 안정성과 유동성도 고려해야 하지만, 자금을 만드는 기간이 길어질수록 물가 상승률을 따지지 않을 수 없습니다. 오랜 기간을 준비해야 하는 중기, 장기 자금을 안정적인 적금이나 금리 연동형 상품으로 준비했다가는 물가 상승률을 극복할 수 없습니다. 기껏 준비했는데 그때 가서 보면 물건 가격이 너무 올라 자금이 턱없이 모자란다! 이런 일은 없어야겠죠. 그래서 수익성을 가장 먼저 따져야 합니다.

수익성을 쫓아 투자를 할 때는 직접 투자보다 간접 투자를 하는 것이 좋습니다. 직접 투자의 장점은 높은 수익을 기대할 수 있다는 것이고, 단점은 그 분야의 지식과 정보가 필요하다는 것입니다. 간접 투자의 장점은 전문가의 운용으로 신경을 많이 쓰지 않아도 된다는 것이고, 단점은 투자되는 기업, 전문가에게 운용 수수료를 지불해야 한다는 것입니다. 각 분야의 전문가들이 지식과 정보를 통해 투자함으로써 직접 투자와 상대적으로 안정적인 투자와 수익을 창출할 수 있습니다.

그런데 많은 사람이 이렇게 반듯한 길을 두고 요행이 얻어걸리기를 바랍니다. 주변에서 누가 좋다고 추천하거나 수익이 높다고 하면 묻지마 투자에 마음을 빼앗기는 경우가 많습니다. 전문적인 지식 습득이나 정보가 없는 상태에서 부동산, 주식 등에 투자하는 것은 굉장히 위험한 일입니다. 본인의 자산이 어디에 어떻게 투자되고 있는지 모르는 경우도 많습니다. 기가 막힐 노릇이죠. 어느 정도의 비용을 지불하더라도 전문가에 의해 투자되고 관리가 되는 간접 투자 형태가 훨씬 효율적입니다.

끝으로 거치식보다는 적립식 투자에 집중해야 합니다. 거치식 투자는 목돈을 이용하여 한 번에 투자하는 방법이고, 적립식 투자는 정해진 금액을 정기적으로 투자하는 방법입니다. 우리나라와 같이 주가 변동이 큰 시장에서의 대안은 바로 적립식 투자입니다. 단가를 낮추어 주가가 올랐을 때 이익을 볼 수 있는 이른바 코스트 에버리지 효과Cost Average Effect를 기대할 수 있습니다.

예를 들어 5일 후에 배추 장사를 하기 위해 배추를 산다고 가정해 봅시다. 총 자본은 4만 원이고 배추 가격은 매일 변동합니다. 첫째 날 가격은 천 원, 둘째 날 가격은 1,500원, 셋째 날 가격은 천 원, 넷째 날 가격은 500원, 다섯 째 날 가격은 천 원이라고 가정합시다. 이때 배추를 사는 방법은 두 가지입니다.

첫 번째 방법은 첫째 날에 4만 원 어치를 한 번에 사는 것입니다. 그러면 배추 가격이 한 포기에 천 원이니 40포기를 살 수 있죠. 가격 변동 때문에 초조해 하다가 5일 째에 천 원에 판다면 4만 원의 투자 원금만을 가져갈 것입니다.

두 번째 방법은 4만 원을 만 원씩 나눠 4일 동안 사는 것입니다. 첫째 날은 포기당 천 원이므로 10포기, 둘째 날은 포기당 1,500원이므로 6포기, 셋째 날은 포기당 천 원이므로 10포기, 넷째 날은 포기당 500원이므로 20포기를 살 수 있습니다. 결국 4일 동안 46포기를 구매할 수 있고, 5일 째 되는 날 모두 판다면 총 수익이 4만 6천 원입니다. 판매 가격은 첫 날과 동일한 천 원이었음에도 불구하고 6천 원의 이익을 볼 수 있죠.

첫 번째 방법이 우리가 흔히 하는 목돈을 한꺼번에 넣는 투자 방법이고, 두 번째 방법이 매월 동일한 금액을 투자하는 적립식 투자 방법입니다. 두 번째와 같은 이익이 발생하는 이유는 나눠서 투자함으로써 매입 단가가 낮아지는 효과 때문인데, 이를 코스트 에버리지 효과라고 합니다. 만약 적립식 투자 방법을 선택한다면 위험에 대한 헤지가 가능할 것입니다.

여기서
더 아낄 수 있을까?

기다리고 기다렸던 주말이 돌아왔다. 만장 씨는 그동안 힘들었던 아내를 위해 모처럼 밖에 나가 기분 전환을 시켜 줄 생각에 가슴이 부풀었다.

"우리 토요일이니까 나가서 영화도 한 편 보고 외식도 하자."

하지만 좋아하면서 따라 나설 줄 알았던 파란 씨가 기운이 하나도 없는 목소리로 대꾸했다.

"됐어. 배도 이런데 사람 많은 데 가서 뭐해."

"아니, 임산부는 돌아다니지 말라는 법이라도 있어? 그리고 몸이 무거울수록 조금씩 움직여 주는 게 좋다고 하잖아. 다 해 봤으면서 왜 그래, 자기."

"몸도 몸인데, 기분이 별로라서 나가고 싶지 않아."

"그러면 우리 케이블 텔레비전으로 개봉 영화 볼까?"

"그럼, 그러든지."

그것도 귀찮다고 할 줄 알았는데 의외로 쉽게 승낙이 떨어졌다. 영화가 시작되자 파란 씨의 얼굴이 조금씩 밝아졌다. 중간중간 재미있다고 깔깔 웃기도 했다. 만장 씨는 집에서 영화를 보자는 아이디어를 내길 잘한 것 같아 내심 뿌듯했다. 소파에 늘어져서 볼 수도 있고, 남들 눈치 보지 않고 크게 웃을 수도 있고, 편하게 간식도 먹을 수 있고. 그런데 한편으로는 좀 이상했다. 얼마 전까지만 해도 파란 씨는 영화관에 가는 것을 매우 좋아했다. 팝콘을 먹으며 영화를 보면 스트레스가 다 풀린다고 했었는데. 정말 몸이 무거워서 그런 걸까?

영화가 거의 끝나 갈 무렵, 주연 배우가 치킨과 맥주를 정말 맛있게 먹었다. 가뜩이나 저녁 시간이 다가와서 배도 고픈데 고문이 따로 없었다.

"진짜 맛있겠다! 그러고 보니 우리 치맥한 지도 좀 됐네? 저녁으로 치킨 시켜 먹자."

치킨이라면 혼자서 한 마리는 거뜬히 먹는 파란 씨이다. 그런데 이번에도 반응이 좋지 않았다.

"임산부가 무슨 치맥이야."

"그럼 맥주 말고 치킨만 먹자. 응?"

"밥솥에 밥 있어."

"어제 보니까 반찬도 없던데, 그러지 말고 그냥 치킨 시켜 먹

자. 응? 응?"

아이처럼 조르는 남편을 보자 파란 씨는 순간 짜증이 솟구쳤다.

"왜 그래, 어린애처럼! 기름에 튀긴 거 먹어서 뭐가 좋다고. 사람이 끼니때마다 먹고 싶은 거 다 먹고 어떻게 살아? 있는 반찬 해서 밥 먹어!"

아내의 짜증스러운 반응에 만장 씨는 할 말을 잃었다.

"알았어. 그럼 밥 먹자."

그런데 막상 만장 씨가 풀이 죽은 모습을 보자, 파란 씨는 별것도 아닌 일에 너무 했나 하는 생각이 들었다. 파란 씨는 미안한 마음에 냉동실에서 치킨 너겟을 꺼내 노릇하게 구웠다. 식탁에 마주 앉은 두 사람은 말이 없었다. 파란 씨가 먼저 침묵을 깼다.

"미안해. 내가 너무 예민하게 굴었어."

"무슨 일 있었어?"

파란 씨는 걱정스러운 표정을 짓는 남편을 보자 미안한 감정이 마구 밀려왔다.

"그게 아니라, 대출도 받아야 하고 아기도 곧 태어날 거고. 이런저런 생각을 하니까 아껴야겠다 싶어서. 나도 영화관에 가고 싶고, 치킨도 먹고 싶어. 그런데 계속 그렇게 살면 우리 제자리걸음만 해야 하잖아."

"그래서 집에 있겠다고 하고 치킨도 안 먹겠다고 한 거야? 그 깟 거 얼마 한다고 그래. 그거 아껴서 부자 돼?"

"당신은 몰라. 나는 만 원짜리 한 장도 쓰기 전에 엄청 고민해. 만 원이 뭐야, 천 원짜리 가지고도 고민한다고."

결국 파란 씨는 울음을 터뜨렸다. 만장 씨는 파란 씨 밥그릇에 치킨 너겟을 올려 주었다.

"미안해. 울지 말고 밥 먹어. 내가 생각이 없었어. 이제 나도 당신만큼 아끼면서 살게. 응?"

남편의 따뜻한 말에 파란 씨는 눈물을 닦고 감정을 다스렸다. 그리고 한 숟가락 크게 밥을 떴다.

짠 내가 나도 괜찮아!

　출산을 앞둔 파란 씨가 짠순이가 되기로 단단히 결심했네요. 요즘 이런 분들이 많죠? '즐짠'이라는 신조어를 들어 보셨나요? 즐짠은 '무엇이든 아끼는 짠돌이, 짠순이 생활을 즐겨라'라는 뜻입니다. 여기에 짠돌이 생활을 통해 재산을 늘려 나간다는 뜻의 '짠테크'라는 말도 유행이죠. 예전에는 절약이 나이든 사람들의 전유물처럼 생각되었지만 이제는 2030 젊은 세대가 짠테크 열풍을 주도하고 있습니다. 자, 그럼 몇 가지 즐짠 재테크 방법을 소개합니다.

즐짠 재테크

쌓자, 에코마일리지

　에코마일리지는 서울시가 2009년에 도입한 친환경 정책입니다. 전기와 수도, 도시가스 등 에너지 사용을 줄인 만큼 마일리지 형태로 인센티브를 지급하는 것이죠. 세수를 할 때 작은 대야에 물을 받아 사용하면 수도세를 아낄 수 있습니다. 겨울에 가스비가 무섭다면 보일러 타이머를 한 시간 이하로 맞춰 놓는 것이 좋죠. 또한 냉장고를 제외한 모든 전기 기구는 코드를 뽑아도 전혀 문제가 없다고 하니 전기세를 아끼기로 결심했다면 이 방법을 쓰는 것도 좋습니다. 이렇게 에너지 사용을 줄여 지급받은 마일리지는 현금처럼 사용할 수 있습니다. 마일리지를 활용해 지방세 납부, 아파트 관리비 차감 등을 할 수 있다고 하네요.

요즘 핫한 냉장고 파먹기

냉장고 파먹기는 여러 가지 면에서 유용합니다. 식비를 줄이는 것은 물론 전기 요금을 아낄 수 있고, 버리는 음식이 줄어드니 음식물 쓰레기 봉지를 절약할 수 있죠.

냉장고 파먹기의 시작은 냉장고 털기입니다. 냉장고를 청소한다는 생각으로 안에 있는 모든 비닐봉지와 반찬 통을 꺼내 살펴보세요. 분명 유효 기간이 지난 재료나 음식, 이상한 냄새가 나는 반찬이나 식재료가 있을 것입니다.

이렇게 냉장고를 털었다면 이번에는 냉장고 지도를 그려 보세요. 냉장고의 각 칸마다 어떤 음식이나 재료를 넣어 두었는지 메모해 두면 쉽고 빠르게 찾을 수 있습니다. 쓸데없이 냉장고를 열었다 닫았다 하지 않아도 되니 전기세가 절약되고, 재료를 쉽게 찾을 수 있으니 묵혀 두는 일이 줄어들겠죠?

따라해 봐요, 봉투 살림법

봉투 살림법은 한 달 치 생활비를 미리 봉투 서른 개에 1~2만 원씩 넣어 놓고 매일 봉투에 든 돈만 쓰는 방법입니다. 남은 돈은 당연히 저축을 하고요. 어쩌다가 카드를 쓴 날에는 그 액수만큼 봉투에서 현금을 뺍니다. 현금을 쓰면 지출액이 눈에 쉽게 들어와 낭비를 줄일 수 있습니다.

이외에도 김영란법이 시행되면서 가계별 경조사 비용이 크게 줄었다고 합니다. 돌려받을 수 없을 것 같은 경조사 비용은 되도록 지출하지 않도록 하고 경조사 비용을 지출할 때는 신중하게 생각해야 가계 지출을 줄일 수 있겠죠?

날짜에 따라서 돈을 모으는 캘린더 저축

캘린더 저축은 날짜에 따라 돈을 모으는 저축 방법입니다. 예를 들어 매일 달력을 보고 1일에는 천 원, 2일에는 2천 원, 3일에는 3천 원과 같이 저금을 하는 식이죠. 돈의 단위는 이보다 적어져도 됩니다. 가정마다 따로 저축과 투자를 하고 있으니, 재미 삼아 해 보는 것도 좋겠죠?

싸게 고기 먹는 법

서민 메뉴였던 삼겹살도 이제는 가격이 만만치 않습니다. 이럴 때 오히려 소고기를 먹으면 큰돈을 아낄 수 있습니다. 불고기를 만들 때는 뒷다리와 엉덩이 중간 부분인 설도가 좋습니다. 만 원어치만 사도 두 번 정도 먹을 수 있는 양이 나옵니다. 외식하지 않고 집에서 스테이크를 즐기려면 채끝 등심이 좋습니다. 육질이 질긴 편이지만 지방이 많아 고소하고 찾는 사람이 드물기 때문에 대폭 할인할 때가 많습니다. 마트에서 할인 행사를 할 때 사면 더욱 저렴하게 구입할 수 있습니다.

짠순이들의 잇 아이템, 온누리 상품권

과일, 채소, 고기와 같은 신선 식품은 대형 마트보다 재래시장이 더 저렴합니다. 이때 온누리 상품권을 이용하면 추가 할인을 받을 수 있습니다. 상품권을 현금으로 구입할 경우, 월 30만 원까지 5% 할인을 적용받을 수 있다고 하네요. 명절을 앞두고 한시적으로 10%가량 할인 이벤트를 벌일 때도 있으니 참고하기 바랍니다.

경차 몰아 돈 아끼세

짠테크 고수들은 경차를 타면서 유류비를 두 배로 절약합니다. 경차 전용 카드를 이용해서 세금을 환급받는 방법을 쓰는 것이죠. 현재 유류세 환급세액은 연간 20만 원 한도 내에서 휘발유와 경유의 경우 리터당 250원, LPG의 경우 리터당 275원이 적용됩니다. 경차의 경우 카드비가 청구될 때 1가구 1차량에 한해 자동으로 할인이 됩니다. 3만 원을 주유할 경우 약 5천 원 정도 할인 효과가 있고 1년이면 거의 십만 원까지 할인을 받을 수 있습니다.

 고정 지출을 줄이자

소비를 하면서 기분을 내고 싶은 남편과 돈 쓰는 것이 두려운 아내. 우리 주변에서 흔히 볼 수 있는 모습이죠? 파란 씨는 영화 관람료, 외식비 같은 변동 지출을 줄이려고 애를 쓰고 있네요. 흔히 생활비를 절약하고자 할 때 파란 씨처럼 변동 지출을 줄여 보고자 애를 쓰죠. 고정 지출은 말 그대로 고정되어 있으니 줄이기가 힘드니까요.

그런데 고정 지출이라고 해서 줄일 수 없는 것은 아닙니다. 줄이기 힘들긴 하지만 줄이기만 하면 재테크 효과가 큽니다. 그럼 생활 속에서 고정 지출을 줄일 방법을 알아볼까요? 일반적인 가정에서 액수가 큰 고정 지출이라고 하면 무엇이 있을까요? 네, 교통비를 꼽을 수 있습니다.

우리나라 가구당 한 달 교통비는 약 22만 원이라고 합니다. 이는 가구당 지출 순위에서 네 번째라고 하네요. 교통비는 대부분 후불제 카드로 계산하죠? 그런데 재테크의 관점에서 보면 사실 가장 금지해야 할 항목이 바로 후불제 카드 사용입니다. 선불식 교통카드를 이용해야 이용 요금 정도를 수시로, 정확하게 파악할 수 있습니다.

다음으로 활용할 수 있는 방법이 지하철 정기권입니다. 지하철 정기권은 정해진 기간 동안 정해진 횟수만큼 쓸 수 있어 지하철을 많이 이용하는 사람들에게 유리합니다. 예를 들어 한 달에 4만 6천 2백 원인 지하철 정기 승차권을 이용한다고 가정합시다. 그러면 지하철을 탈 수 있는 횟수는 총 44번입니다. 그런데 정기권을 이용하면 최대 16번 정도를 무료로 더 탈 수 있습니다. 30일 동안 지하철을 44번 탈 수 있는 비용으로 60번을 탈 수 있죠.

버스족들도 교통비를 아낄 수 있습니다. 서울 이외 지역에서 버스로 출퇴근을 한다면 서울 버스와 광역 버스 요금이 다르다는 것만 알아도 교통비를 절약할 수 있습니다. 예를 들어 서울과 경기도를 오가는 사람들의 경우, 서울 버스와 경기도 버스 중에서 저렴한 버스를 골라서 타는 것이 좋습니다. 현재 서울과 경기도의 대중교통 요금 체계가 달라서 요금 차이가 꽤 큽니다. 광역 버스를 이용할 때는 서울 버스가 유리하고, 시내버스를 이용할 때는 경기도 버스가 유리하다는 것을 기억하세요.

이번에는 교통비 못지않게 지출 규모가 큰 통신비를 알아볼까요? 가계 통신비를 줄일 수 있는 해결책으로 등장한 것이 바로 알뜰폰이죠. 알뜰폰은 기존 이동통신 3사의 네트워크 망을 빌려 쓰기 때문에 기존 통신사들에 비해 요금이 저렴합니다. 기존 통신사들의 요금제가 보통 5~8만 원인데, 알뜰폰을 사용하면 그보다 2~3만 원 저렴한 가격으로 비슷한 요금제를 이용할 수 있습니다. 요금은 저렴하지만 통화 품질은 큰 차이가 없다고 하네요.

알뜰폰의 진짜 강점은 무제한 데이터 요금제에 있습니다. 한 알뜰폰 업체는 월 3만 3천 원에 음성, 문자, 데이터를 무제한으로 제공하는 요금제를 선보였습니다. 이동통신사에서 제공하는 유사한 요금제와 비교해도 금액이 절반 수준입니다. 무약정 상품으로 언제든지 해지가 가능하며 위약금이 없는 것도 장점이죠. 각종 약정과 바가지요금으로 골치 아픈 통신비, 이제는 획기적으로 줄여야 할 때가 아닐까요?

마지막으로 대출 이자를 줄이는 방법에 대해 알아봅시다. 시장에서 가격 흥정을 하듯이 은행을 상대로도 대출 이자를 깎을 수 있습니다. 이자를 깎기 위해서는 대출 금리 인하권을 이용해야 합니다. 이는 대출을 받았을 당시보다 신용 상태가 좋아진 대출자가 금융 회사에 대출 금리를 내려 달라고 요구할 수 있는 권리를 말합니다.

그렇다면 대출 금리 인하권이 수용되기 위해서는 어떤 조건들이 갖추어져 있어야 할까요? 필요한 조건은 국가 고시 합격, 취업, 승진, 급여 인상, 은행 우수 고객 선정, 이직 등이 있습니다. 그런데 월급이 올랐다고 무조건 금리가 인하되는 것은 아닙니다. 급여 인상이 신용 등급에 영향을 줄 수 있어야 합니다. 은행마다 차이는 있지만 신청 시점 또는 연기 시점과 비교해서 급여가 15% 정도 오르거나 현재 다니고 있는 회사보다 신용 등급이 높은 회사로 이직할 경우 대출 금리 인하권이 수용될 수 있습니다.

뿐만 아니라 자영업자도 이 제도를 이용할 수 있습니다. 자영업자는 소득 증가로 재무 상태가 개선됐거나 매출이 증가했음을 증명하면 됩니다. 이렇게 조건에 따라 대출 금리 인하권이 수용됐다면, 신용 등급 1등급이 상승될 때마다 고정 금리, 변동 금리 상관없이 0.2% 포인트 정도 대출 금리를 깎을 수 있습니다.

대출 금리 인하권을 활용할 수 없다면 대출 상품을 갈아타는 것이 좋습니다. 특히 요즘에는 초저금리 시대가 계속되면서 낮은 금리로 대출을 갈아타려는 사람이 많죠. 은행 직원들이 준 정보에 의하면 2년 전에 고정 금리 대출을 받은 고객을 중심으로 대출을 갈아타려는 문의가 많다고 합니다. 요즘의 대출 갈아타기는 서민들뿐 아니라 부유층의 빚테크 수단으로도 인기가 많습니다.

　대출을 갈아타는 데 있어서 문제가 되는 것은 중도 상환 수수료입니다. 하지만 중도 상환 수수료가 남은 대출 기간의 이자보다 적다면 더 이상 기존 고금리 대출 이자를 갚을 필요가 없습니다. 저금리 기조에 맞게 본인의 대출 상품 이자가 합리적인지 득과 실을 따져야 합니다.

　만약 대출을 받은 지 3년이 지나 중도 상환 수수료가 발생하지 않는다면 대출 갈아타기를 적극적으로 알아보세요. 매월 꼬박꼬박 이자를 내고 있고 중도 상환 수수료 발생 기간을 넘겼다면 지금이라도 대출을 갈아타는 것이 좋습니다. 다만 초저금리 상황 때문에 대출 금리가 더 떨어질 수 있는 만큼 신규 대출 금리를 고정 금리로 할지, 변동 금리로 할지 잘 선택해야 합니다.

신혼맞이
돈 관리 풀세팅

'하하, 파란이가 이거 보면 좋아하겠지?'

무언가를 종이봉투에 한가득 담고 귀가하는 만장 씨의 발걸음이 평소보다 가벼웠다. 만장 씨는 현관문을 열기 무섭게 큰 소리로 외쳤다.

"마누라! 와서 이거 좀 봐."

"그게 뭔데?"

만장 씨가 종이봉투 안에 든 것들을 전부 꺼내 놓았다.

"재테크 책에, 경제 신문에, 이건 뭐야? 가계부?"

"짜잔! 당신이 하도 걱정하고 그래서 나도 이제 경제 공부 좀 열심히 하려고!"

"경제 공부하려고 이걸 다 돈 주고 샀어?"

"아이 참! 당신이 그럴 줄 알고 내가 머리를 썼지. 이 책은 전부 중고 서점에서 한 권에 2천 원 주고 샀고, 경제 신문은 회사 근처 커피숍에 있는 거 가져왔어. 주인이 자기는 필요 없다고 가져가래. 그리고 가계부는 중고 책에 붙어 나온 부록이야. 나 잘했지?"

예전 같으면 서점에 가서 십만 원 가까이 결제하고 나왔을 만장 씨였다. 남편의 그런 씀씀이를 너무나 잘 알아서 파란 씨는 살짝 감동했다.

"재테크 박사라도 되겠다, 이 말이야?"

"이게 다가 아니야. 나 인터넷 재테크 카페에도 가입했어. 20대로 돌아온 김에, 애들 태어나기 전에 제대로 해 볼 거야!"

남편의 말이 고맙긴 했지만 파란 씨는 그 말을 곧이곧대로 듣지 않았다. 남편이 갑자기 철이 들 리 없다고 생각했기 때문이다. 그런데 만장 씨는 정말 열심이었다. 매일 경제 신문을 보고 인터넷 카페를 뒤지고 가계부도 썼다.

"당신, 우리에게 정말 필요한 게 뭔지 알아?"

만장 씨는 느닷없이 파란 씨를 테스트하는 듯한 질문을 하곤 했다.

"그게 뭔데?"

"재무 시스템이 갖춰져 있어야 해. 월급으로 한 달을 살려면 그게 필수야."

파란 씨는 갑자기 재테크에 열을 올리는 남편이 낯설게 느껴졌다. 둘이서 장을 볼 때도 말과 행동이 예전 같지 않았다. 예전에는 애들보다도 먹고 싶은 게 많고 무조건 사고 보자는 주의였는데 180도로 달라졌다.

"채소는 금방 시드니까 조금만 사."

"냉동실에 고기 얼려 둔 거 있잖아. 그거 다 먹고 사."

"요즘 냉장고 파먹기가 유행이래. 우리도 그거 해서 식비 아끼자."

갑자기 과거로 돌아와 많이 힘들었던 파란 씨는 남편이 노력하는 모습을 보자 마음이 풀렸다. 이렇게 이상한 상황에 처하게 된 것이 다 이유가 있었던 것일까? 결혼하고 나서 한 번도 본 적 없는 남편의 듬직한 모습에 놀라지 않을 수 없었다.

"내일은 은행에 가서 통장을 만들 거야."

"통장 있잖아. 또 새로 만들게?"

"당신도 알지? 통장 쪼개기. 그거 해서 생활비 좀 절약하고 저축액도 늘려야지. 아이들이 없을 때 더 열심히 모아야 해."

파란 씨는 손을 뻗어서 만장 씨의 볼을 꼬집었다.

"아얏! 왜 꼬집고 그래!"

'정말 내 남편이 맞나? 아프다고 하는 거 보니까 꿈은 아닌데…….'

시스템으로 돈을 아낀다!

누구나 한 번은 카드 사용 내역서나 통장을 보고 깜짝 놀라 돈 관리 시스템을 만들어야겠다고 생각합니다. 가끔 택시를 타고, 점심 식사를 한 뒤 동료들과 커피를 사 마시고, 외출을 위해 옷 몇 벌 샀을 뿐인데 카드 사용 내역을 확인하다 보면 자질구레한 곳에 한 푼, 두 푼 새어 나간 돈이 보입니다. 액수가 크지 않다 보니 가랑비에 옷 젖는 줄 몰랐던 거죠. 이렇게 새는 돈, 작은 돈을 어떻게 해야 모을 수 있을까요?

정확한 지출을 파악하고 돈 관리를 제대로 해 보고 싶다면 통장 쪼개기에 도전해 보세요. 돈을 아무 통장에 아무렇게나 놓아 두면 도저히 관리가 안 됩니다. 냉장고도 한 달에 한 두 번은 정리하는데 통장 정리는 당연한 것 아닌가요?

통장을 쪼개기에 앞서 우선 가지고 있는 통장을 점검하세요. 우리가 가진 통장 중에서 가장 중요한 것은 역시 급여 통장입니다. 급여 통장은 매달 급여를 포함한 수익금이 들어오고, 각종 공과금 등이 빠져나가는 통장입니다.

통장 쪼개기는 보통 가진 돈을 네 개의 통장에 나누는 것을 말합니다. 급여 통장을 제외한 나머지 통장 세 개는 생활비를 비롯한 변동 지출 관리용인 소비 통장, 만약의 경우를 대비한 비상금과 예비 자금을 관리하는 예비비 통장, 적금과 펀드 등 투자 관리를 위한 투자 통장으로 사용하는 것이 좋습니다.

통장 쪼개기가 되지 않은 가정은 급여 통장에 기능이 쏠려 있는 경우가 많습니다. 급여 통장을 만능 통장으로 사용하면 여러 곳에 계좌 이체가 되어 매달 빠져나가는 총액이 얼마인지 파악하기가 쉽지 않습니다. 따라서 급여 통장은 급여와 이체 기능으로만 사용해야 합니다.

예비비 통장으로는 CMA 통장을 개설하는 것이 좋습니다. 목돈으로 묶어 둘 수도 있고, 수시로 자유롭게 입출금할 수도 있으며, 하루만 넣어 둬도 이자를 주고 예금자 보호가 되는 상품도 있습니다.

이제 통장 두 개가 더 남았죠? 주거래 은행에 가서 투자 통장과 소비 통장을 개설하세요. 월급을 받은 다음 날에 바로 급여 통장에서 투자 통장으로 저축액이 자동 이체되도록 설정해 놓아야 합니다. 투자 통장으로 이체된 저축액은 가입해 있는 정기 적금과 보험저축으로 각각 이체가 될 수 있게 해 놓아야 하고요.

이렇게 통장 네 개에 돈을 나눠 담으면 엉망진창이었던 집을 깨끗하게 청소한 기분이 들 것입니다. 통장 정리가 되어 있지 않을 때는 매달 여러 군데에 돈이 야금야금 빠져나가 어느 순간 잔액이 0이 되는 경우도 부지기수입니다. 돈을 네 개의 통장에 나누어 담으면 더 이상 결제 대금 날짜와 출금 날짜를 신경 쓰지 않아도 됩니다. 어차피 각자의 몫을 하는 통장에서 빠져나갈 테니까요. 매달 생활비로 써야 하는 금액이 얼마인지 알게 되니 절약 효과도 자연스럽게 따라옵니다.

 가장 현실적인 재테크

그런데 통장을 쪼갰다고 해서 만사가 다 해결된다고 생각하면 안 됩니다. 소비 통장에 이체한 돈으로 남은 한 달을 버틸 수 있느냐는 또 다른 문제입니다. 예를 들어 적금을 들거나 보험료가 많이 나가면 소비 통장에 있는 돈만으로는 생활하기 어렵습니다. 적금의 경우 크게 보면 저축이지만 달리 보면 없었던 고정 지출이 생기는 셈이거든요. 그래서 제가 늘 하는 말이 있습니다.

"통장 쪼개기는 돈의 흐름을 파악하고 절약하게 해 주는 것이지, 없는 돈을 만들어 주는 것이 아니다."

막연하게 '아껴 쓰면 어떻게 되겠지'라고 생각해서는 생활비가 부족할 수밖에 없습니다. 정확한 수입과 고정 지출액을 꼼꼼히 따져 보지 않거나 계획에 없던 지출을 하게 되면 통장을 쪼개도 소용이 없습니다. 이럴 때는 현금을 융통할 방법을 찾아야 합니다.

제게 상담을 받은 한 고객은 적립식 펀드를 환매하기로 하고, 반 년 전에 은행 직원의 권유로 가입한 펀드를 약간의 이득을 보고 팔아 치웠습니다. 고객의 가정은 당장 생활비가 필요했기 때문에 펀드를 환매한 돈을 소비 통장에 넣고 잘 분배해서 사용하기로 했습니다. 그 후 다시 통장들이 원활하고 투명하게 돌아가 숨통이 트였다고 합니다. 그렇게 해서 겨우 지켜 낸 적금만은 절대 해지하지 않고 만기까지 유지하겠다고 했습니다.

통장을 쪼개면 급여 통장의 돈은 다 빠져나가서 0원이 됩니다. 그러나 통장을 쪼개기 전과 후의 가정 경제는 크게 달라집니다. 어쩌다 보니 돈을 다 써 버리는 게 아니라 스스로 배치해 놓은 대로 돈이 빠져나가니까요. 통장 쪼개기의 가장 큰 장점은 목적이 다른 돈이 서로의 영역을 침범하지 않도록 만들어 주는 것입니다.

통장을 쪼개고 효과를 볼 수 있는 것 중 하나는 신용카드 사용이 줄어드는 것입니다. 물론 정해진 금액만을 사용하며 살아야 하는 것은 여전히 어렵습니다. 하지만 예전 같으면 할부를 믿고 덜컥 사 버렸을 물건을 한 달 예산을 초과하게 되면 단념하게 되죠.

무엇보다 좋은 점은 일단 통장과 한 번 친해지고 나면 돈을 나눠 담는 일이 더 이상 어렵게 느껴지지 않는다는 것입니다. 여윳돈이 생기면 '어디에 쓸까'가 아닌, '어떻게 모을까'를 먼저 생각하게 된 것만으로도 커다란 발전이죠.

솔직하게 말하면 통장 쪼개기는 기대하지 않았던 수익을 가져다주는 마법의 재테크가 아닙니다. 하지만 돈이 새어 나가는 것을 막고, 소비보다는 저축을 자연스럽게 유도하는 가장 현실적인 재테크 방법인 것은 분명합니다.

1. 경제력을 결합시켜라

결혼은 단순하게 사랑하는 두 사람이 한 집에서 같이 사는 것만을 의미하는 것이 아니다. 두 사람의 경제력이 결합해야 결혼의 진정한 의미가 완성된다. 전문가들이 수입을 합쳐 공동으로 관리해야 한다고 조언하는 것도 그 때문이다.

대부분의 사람이 돈을 버는 것에 대해서는 고민을 많이 하지만 번 돈을 어떻게 쓸 것인가에 대해서는 고민을 하지 않는다. 그에 대한 교육을 받지도 않는다. 결혼 전에 부모님께 수입을 맡긴 사람이라면 더욱 그렇다. 가정을 꾸리고 이끌어 가야 할 주인공이라면 두 사람이 함께 모으고 함께 쓰는 것이 맞다.

2. 맞벌이에서 외벌이로

저출산이 사회적인 문제이기는 하지만 결혼을 하면 아이를 낳아 키우는 것이 보통이다. 이때 여러 가지 문제로 맞벌이에서 외벌이로 바뀌는 경우가 많다. 지출에 대한 계획과 실행이 맞벌이를 할 때의 소득에 맞춰져 있기 때문에 임신과 출산으로 인해 외벌이로 바뀌면 당황스러운 일이 많이 발생한다.

맞벌이 중이라고 해도 출산을 하고 어느 정도의 양육 기간을 소화할 때까지는 남편의 소득에 맞춰 지출 규모를 정해야 한다. 보험도 마찬가지로 남편의 수입만 있다고 가정하고 가입해야 나중에 후회할 일이 없다. 맞벌이일 때 외벌이로 전환되었을 때의 계획을 잘 세워 놓아야 나중에 별 어려움이 없다.

3. 돈 모으는 시스템을 구축하라

많은 사람이 돈을 어떻게 벌지, 어떻게 모을지 고민하는 것에 비해 돈을 잘 쓰는 방법에 대해서는 고민하지 않는다. 돈 모으는 시스템이란 바꿔 말하면, 돈을 잘 쓰는 시스템을 만드는 것이다. 이를 현금 흐름 관리라고 한다. 일단 한 달 예산을 정하자. 고정 지출과 변동 지출을 합한 항목을 계산해서 한 달 예산을 정한 뒤 소비 통장이라고 따로 이름을 붙여 놓자. 그리고 체크카드를 만들어 소득 공제(신용카드의 두 배) 혜택을 받고, 지출을 통제하자. 이것만 잘하면 굳이 가계부를 쓸 필요가 없다.

또한 예비비 통장을 만들어 비정기 지출에 대비해 매월

소득의 일정량을 예비 자금 형태로 준비하자. 예산과 예비비로 한 달 지출을 소화한다면 나머지 금액은 모두 저축할 수 있다. 중간에 저축이 깨질 염려도 없다. 물론 소득의 10% 안에서 최소한의 보험은 준비해야 한다. 그래야 질병이나 사고가 발생하더라도 우리 가정의 자산을 안전하게 지킬 수 있다.

CHAPTER 3

부유하지
아니한家

돈이 돌지 않는 집,
돈이 돌게 하라

"엄마, 우리 밥 줘요."

"일어나, 아빠!"

거실에서 들리는 아이들의 목소리에 파란만장 부부는 꿈인지, 현실인지 상황을 파악하기 위해 눈을 번쩍 떴다. 아이들 목소리가 들린다는 것은 원래 나이로 돌아갔다는 말인가?

"여보! 이거 우리 애들 소리지?"

"맞아. 나도 들었어. 우리 애들 소리야."

그런데 이게 대체 무슨 일이람? 서로를 마주본 파란만장 부부는 깜짝 놀랐다. 파란 씨 눈에는 만장 씨가, 만장 씨 눈에는 파란 씨가 하룻밤 사이에 부쩍 늙은 모습으로 앉아 있는 것이 아닌가. 얼굴에 탄력이 없고 눈가에는 주름이 자글자글하게 잡혀 있었다.

"우리 이제 20대는 아닌 것 같지?"

"그런 거 같아. 근데 왜 이렇게 늙은 거야? 원래 나이로 돌아가지 못하는 건가?"

만장 씨가 방문을 열고 아이들을 불렀다. 아이들의 모습을 보면 자신들의 나이를 가늠할 수 있을 것 같았다. 안방으로 들어온 아이들을 보고 파란 씨는 깜짝 놀랐다.

민재는 고등학교 3학년, 민서는 중학교 3학년이었다. 아이들은 어느새 훌쩍 자라 교복을 입고 있었다. 그렇다면 만장 씨는 48세, 파란 씨는 46세가 된 것이다. 파란 씨는 갑자기 나이가 들어서 경황이 없는 와중에도 아침상을 차렸다. 식사를 마친 아이들을 서둘러 학교로 떠났다. 집에 두 사람만 남자 다시 걱정이 밀려왔다.

"이제 좀 열심히 살아 보려는데 갑자기 나이가 들었네. 어쩌지? 애들에게도 돈이 많이 들어갈 텐데…….."

파란 씨는 식탁 위에 놓인 가계부를 펼쳤다. 파란 씨는 돈 관리를 알뜰하게 해 보기로 결심하고 몇 달째 가계부를 쓰고 있었다. 그 덕에 이제는 대략 어디에 얼마 정도를 쓰고 있는지 감을 잡을 수 있었다.

그런데 갑자기 나이가 들었으니 아이들에게 한 달 평균 어느 정도의 돈이 들어갈지, 생활비를 쓰는 패턴이 어떻게 될지 다시 처음부터 파악해야 했다. 파란 씨는 40대 가정의 지출 규모에 맞춰서 다시 열심히 가계부를 썼다. 그 사이 3개월의 시간이 흘렀다.

파란 씨는 지출이 발생할 때마다 가계부에 적으면서 쓸데없는 곳에 돈을 쓴 것을 반성했다. 주말이 되면 주간 결산을 하고, 월말에는 총계도 냈다. 그런데 가계부를 열심히 써도 적자가 나는 것은 마찬가지였다. 매달 버는 돈보다 쓰는 돈이 더 많다는 사실은 변하지 않았다. 어디에서 어떻게 줄여야 할지 참으로 막막했다.

게다가 가계부를 써서 지출을 합산하는 일은 시간이 많이 걸렸다. 작정하고 엉덩이를 붙이고 앉아서 하면 서너 시간이면 충분할 것 같았지만, 살림을 하고, 아이들이 학교에서 돌아오면 간식을 만들어 주고, 제때 학원에 갈 수 있도록 챙겨 주고, 교육에 신경 쓰느라 상당히 바빴다. 이런 상황에서 돈 관리까지 하려니 몸이 열 개라도 모자랄 지경이었다.

40대 중반이 된 이후부터는 생활비가 더 많이 들어갔다. 지출 액수가 가장 많이 늘어난 항목은 역시 교육비였다. 중학생, 고등학생이 된 아이들을 학원에 보내지 않을 수 없었다. 거기에 전세 보증금을 충당하느라 대출 받은 목돈, 고정 생활비, 통신비…… 만약 원래 나이로 돌아가지 못하고 계속 이렇게 살아야 한다면 어떻게 해야 할지 막막했다.

'민재가 내년이면 대학생이 되는데, 정말 어쩌지?'

이게 다가 아니었다. 만장 씨도 곧 50세가 넘을 것이고, 퇴직을 생각해야 했다. 그런데 부부의 노후는 아무 준비도 되어 있지 않았다. 그 생각만 하면 파란만장 부부는 밤에 잠을 이룰 수 없었다. 파란 씨는 잠을 자지 못하고 뒤척이다가 남편 만장 씨도 깨어 있는 것을 발견했다. 파란 씨는 이렇게 말했다.

"우리, 적금이라도 깨야 하는 거 아닐까?"

"뭐? 그렇게까지 해야 하나?"

"도대체가 집에 돈이 돌지 않아."

"큰일이네, 정말."

파란만장 부부는 아무리 생각해도 뾰족한 방법이 떠오르지 않아 그저 한숨만 내쉬었다.

돈맥경화를 뿌리 뽑으려면

준비 없이 40대를 맞은 파란만장 부부의 앞날이 걱정이네요. 사실 가정 경제에서 가장 중요한 것은 현금의 흐름입니다. 우리 집의 자산이 10억 원 혹은 20억 원이라고 해도 이를 유지할 수 있는 현금이 없다면 어떻게 될까요? 현금의 흐름이 막히는 '돈맥경화'를 오래 방치하면 가정 경제는 정말이지 큰 위기에 처할 수 있습니다.

우선 파란 씨가 가계부를 써서 지출 규모를 파악하려고 하는 것은 매우 좋은 일입니다. 그런데 귀한 시간을 투자해서 돈 관리를 하는 것인 만큼 이왕이면 똑똑하게 하는 것이 좋겠죠? 어디에 얼마만큼을 쓰고 있는지 구체적인 기록을 통해 생활 규모를 파악해야 합니다. 그래야 현재 쓸 돈을 남겨 두고 나머지 돈으로 저축 계획을 세울 수 있죠. 현재를 감당하지 못하면 우리에게 준비란 있을 수 없습니다.

무작정 얼마를 떼어 내서 저축을 하는 것이 능사가 아닙니다. 특히 지출이 많은 40대 가정은 더욱 그렇습니다. 그렇게 해 봐야 파란만장 부부처럼 적금을 깰 일만 생길 뿐이죠. 현재의 생활 규모를 파악해야 적정 수준의 생활비 예산을 알게 되고, 이를 기준점으로 잡을 수 있습니다. 기준점 없이 무조건 아끼기만 하는 것은 정신적인 스트레스와 불안감, 압박감을 느끼게 하죠.

일단 파란 씨는 지출 자체를 반성하게 하는 결산 중심의 가계부 쓰기를 그만둘 필요가 있습니다. 가계부를 쓰지 말라는 말이 아닙니다. 가정 경제에 기여할 수 있는, 의미 있는 통계를 낼 수 있는 회계 장부를 만들어야 한다는 의미입니다.

그러기 위해서는 가장 먼저 생활비의 기준부터 잡아야 합니다. 그리고 그 기준점을 토대로 우리 가정의 지출 예산을 세워야 합니다.

지출 예산 세우기 ···

1. 보험료나 공과금, 관리비 등의 고정 지출은 한 달 치 현황을 한눈에 파악할 수 있도록 관리한다.

2. 고정 지출 한 달 치 자료를 1년 동안 모아서 현황이 한눈에 파악되면 가계부를 따로 쓰지 않아도 된다. 한 달에 몇 천 원만 절약해도 1년 동안 절감되는 금액은 몇 만 원이다.

3. 고정 지출을 제외한 나머지 지출은 크게 두 가지로 분류하고 해당 예산을 정한다.
   - 변동 지출: 식비, 문화비, 여가비, 용돈, 생활비, 유흥비, 외식 등
   - 비정기 지출: 명절, 휴가비, 의류비, 부모님 생신, 자동차세 등

4. 항목별로 예산을 세우고 난 뒤 지출 항목 아래에 써 가면서 예산에서 사용 금액을 차감한다. 이렇게 하면 항목별로 흑자와 적자가 한눈에 들어온다.

이제 매일 같이 가계부를 쓰고 쓸데없는 곳에 돈을 썼다고 죄책감을 갖는 것에서 벗어나야 하지 않을까요? 그보다는 얼마의 돈이 어디에, 어떻게 쓰이는지를 파악하는 데 초점을 맞추어야 합니다. 절약보다는 파악이 먼저입니다.

 물 흐르듯 현금이 흐른다

우리 가정의 현금 흐름이 제대로 이루어질 수 있는 구체적인 방법은 무엇일까요? 방법은 하나입니다. 지출이 예산을 초과할 수 없는 시스템을 만들어야 합니다. 그런데 많은 사람이

예산을 짜는 것을 몹시 귀찮아합니다. 이미 써 버린 돈을 생각하기 싫어하죠. 써 버린 돈에 대해 반성한다고 해서 그 돈이 돌아오는 것도 아니니까요. 게다가 잘못된 재무 습관이라는 불편한 진실을 마주하는 것을 두려워합니다.

그런데 40대 가정이라면 이 예산 짜기를 반드시 실행해야 합니다. 가장 큰 이유는 노후 준비 때문입니다. 노후 생활에 들어가기 전에 소비를 줄이는 훈련을 해야 하는데, 예산 짜기가 큰 도움을 줍니다. 또한 예산 짜기는 소비의 민낯을 볼 수 있게 해 줍니다. 한 달만 해 봐도 '이런 곳에 이렇게 많은 돈을 쓰고 있었어?'라는 생각에 놀라게 될 것입니다. 끝으로 예산 짜기는 가정의 소비 생활에 대해서도 정보를 줍니다.

지출 예산을 세웠다면 여기서 한 단계 더 진화할 수 있습니다. 우리 가정의 현금 흐름표를 작성해 보는 것이죠. 현금 흐름표는 원래 기업에서 많이 활용하는 것인데, 우리 가정에서도 유용하게 쓰일 수 있습니다. 수입에 대비해서 적절한 지출을 하고 있는지, 지출이 과도하다면 어떤 항목이 과도한지를 파악할 수 있습니다.

〈현금 흐름표 작성 순서〉

1. 수입과 지출 항목을 분류한다.
2. 수입은 근로 소득과 기타 소득으로 잡는다.

3. 본인과 배우자의 소득 항목은 구분하는 것이 유리하다.

4. 지출은 고정 지출, 변동 지출, 저축과 투자로 구분한다.

5. 저축과 투자는 매월 실 납입액을 적는다.

6. 작성한 현금 흐름표의 수입 합계에서 지출 합계를 뺀다.

7. 흑자(+)와 적자(-) 여부를 확인한다.

현금 흐름표의 효과는 지출을 줄이는 것에 있습니다. 우리 가정의 경제 상황을 파악해 보면, 무엇이 부족하고 무엇이 과한지 판단할 수 있습니다. 수입 합계에서 지출 합계를 빼면 월간 순소득이 나오는데, 현금 흐름을 개선한다는 것은 결국 순소득을 늘리는 것을 말합니다. 기업이나 가계나 재무 관리의 핵심은 단순합니다. 현금 흐름이 마르지 않도록 갈무리하는 데 초점을 맞춰야 합니다.

현금 흐름이란 한마디로 현금이 들어오고 나가는 것을 말합니다. 우리 몸에는 늘 피가 있지만 피가 혈관을 따라 제대로 흐르지 못하면 죽는 것처럼 자산이 아무리 많아도 현금이 돌지 않으면 쪼들릴 수밖에 없습니다. 현금 흐름이 원활한 가정이 저축이나 투자, 노후 준비에 유리한 것은 두말할 필요가 없는 사실입니다.

우리 집 현금 흐름표

수입			지출		
구분	세부 항목	금액	구분	세부 항목	금액
고정 수입	본인 월급		저축·투자	적금	
	배우자 월급			주택 마련 저축	
	이자/배당 소득			연금저축	
	사업 소득			저축성보험료	
	임대 소득			변액유니버셜	
	연금 소득			펀드	
	기타 소득			기타	
	고정 수입 합계			**저축·투자 합계**	
비정기 수입	비정기 수당		고정 지출	대출 상환액	
				소득세	
				세금/공과금	
				관리비	
				보장성보험료	
				기타	
				고정 지출 합계	
			변동 지출	피복비	
				식비	
				외식비	
				교통비	
				통신비	
				교육비	
				기타	
	비정기 수입 합계			**변동 지출 합계**	
총수입			**총지출**		

빚 없는 집
없다지만

회사 점심시간에 잠시 밖으로 나와 근처 주거래 은행에 간 파란 씨는 은행 직원과 이런저런 이야기를 주고받았다.

"고객님, 생활비가 빠듯하고 여유가 없을 때는 마이너스 통장이 정말 유용해요. 하나 만들어 두시면 돈이 급할 때 편하게 사용하실 수 있으세요."

은행 직원은 너무나 친절한 미소를 지으며 마이너스 통장을 개설하라고 권했다.

"생활비가 빠듯하긴 한데, 마이너스 통장을 쓰면 그게 다 빚이잖아요. 그건 또 언제 갚아요. 게다가 저희는 이 은행에 대출도 받아 놓은 상태인 걸요."

파란 씨는 심각한 어조로 대답했다. 그런데도 은행 직원은 계속 미소를 지으며 말했다.

"고객님, 요즘 안 그런 집이 어디 있어요. 다들 대출은 있지만 상황에 따라 마이너스 통장도 쓰고 그래요. 저도 적금, 연금, 펀드 같은 적립식 상품에 꾸준히 돈을 넣는데, 생활비가 적자일 때는 금융 상품에 돈을 먼저 넣고 그때그때 마이너스 통장의 도움을 빌려요. 그렇게 하지 않으면 노후 준비하는 게 너무 힘들어요."

그 말을 듣자 파란 씨는 순간 귀가 솔깃했다.

'다들 그렇게 한다면 나도 하나쯤 만들어 볼까? 평소에는 쓰지 말고 급할 때만 쓰면 되잖아. 내가 너무 융통성이 없는 건가?'

은행 직원은 파란 씨의 마음을 읽기라도 했는지 더욱 적극적으로 말했다.

"다른 분들은 신용이 좋지 않아서 만들고 싶어도 못 만들어요. 고객님 같은 경우에는 하나쯤 만드셔도 좋을 거 같은데, 어떠세요?"

'아냐! 감언이설에 넘어가면 안 돼!'

파란 씨는 웃으면서 "조금 더 생각해 볼게요"라고 말한 뒤 자리에서 일어섰다. 출입문을 향해 가던 파란 씨는 ATM 앞에서 회사 동료를 만났다. 파란 씨는 방금 있었던 일을 동료에게 이야기했다.

"사실은 여기 은행에 대출이 있어서 대출 상품 갈아타는 걸 알아보려고 했던 건데, 그 와중에 마이너스 통장을 만들라고 부추기는 거 있죠?"

"은행이 다 그래요. 자기들 이익만 생각하지, 남의 사정 같은 거 알아주나요? 근데 마이너스 통장을 아예 안 쓰세요?"

"네. 일단은 버티고 있어요."

"우린 마이너스 통장 없으면 못 살아요."

"이자가 부담스럽지 않아요?"

"어쨌거나 남편도 벌고, 나도 벌고 매달 수입이 있으니까 아직은 그럭저럭 갚고 있어요. 요즘은 저금리라서 이자가 그렇게 높지도 않고요."

"그렇군요."

"안 좋은 습관인 건 아는데 끊을 수가 없어요. 필요할 때 꺼내 쓰고 돈 생기면 채우면 되니까. 신용카드도 그렇고 돈 쓰는 걸 너무 편하게 해 놨어요."

"맞아요."

요즘 세상에 빚 없는 집이 없다더니 친구, 동료, 지인들과 이야기해 보면 정말 그렇다. 대출 없고 마이너스 통장 없는 가정을 찾아볼 수가 없다. 파란 씨는 갑자기 답답했다. 이렇게 빚을 권하는 사회에서 어떻게 하면 빚에서 자유로워질 수 있을까?

달콤한 유혹, 마이너스 통장

　40대 여러분은 대출 상품에 대해 잘 아시죠? 담보가 있는 대출 상품들이 주로 담보로 설정하는 것이 무엇일까요? 맞습니다. 부동산입니다. 금융권에서는 돈을 떼여도 담보를 잡아 놓을 수 있는 대출을 좋아하니까요. 그런데 담보가 없어도 받을 수 있는 대출이 있습니다. 신용 대출이 바로 그것입니다. 잡혀 놓을 것이 없어도 신용을 믿고 대출을 해 주는 것이죠. 그래서 신용 대출을 받을 때는 직업이나 연봉이 기준이 됩니다. 전문직 종사자들에게는 최대 2억 원까지 신용 대출이 됩니다. 대기업 직장인들도 연봉이 높아서 비교적 저금리로 신용 대출을 받을 수 있고요.

　신용 대출은 다시 일반적인 신용 대출과 마이너스 통장으로 나눌 수 있습니다. 업계에서 쓰는 정확한 용어는 한도 대출입니다. 은행이 정한 한도까지 쓸 수 있다는 뜻이죠. 주로 신용 대출로 이루어지지만 신용 등급이 낮은 사람도 예금 등을 담보로 통장을 개설할 수 있습니다. 마이너스 통장은 대출만 받아 놓고 쓰지 않아도 상관이 없습니다. 그런데 마이너스 통장의 인기가 갈수록 치솟고 있다고 하네요.

　마이너스 통장의 장점은 한도만 설정하면 별도의 절차 없이 현금처럼 편하게 꺼내 쓸 수 있다는 것입니다. 그래서 정기적인 수입이 있고 신용도가 높은 직장인들이 주로 이용하죠. 많은 사람이 마이너스 통장으로 빌린 돈은 금액이 적고 다달이 내는 이자도 적어서 빨리 갚아야 한다는 생각이 들지 않는다고 해요.

　마이너스 통장이 인기를 끄는 데는 저금리도 한몫합니다. 시중의 한 은행에서는 금리가 1%대인 마이너스 통장을 내놓기도 했어요. 대출을 받는 것이나 마이너스 통장을 쓰는 것이나 별다른 차이가 없는 것이죠.

　문제는 마이너스 통장 대출 이자에는 함정이 있다는 것입니다. 일반 대출과 달리 마이너스 통장에는 이자가 복리로 붙어요. 첫 달 이자가 그 다음 달 대출 원금에 포함되는 구조인 것이죠. 장기적으로 쓰면 쓸수록 대출 이자가 기하급수적으로 늘어납니다. 게다가 마이너스 통장은 하루 중 가장 많이 사용한 금액을 기준으로 하루 치 이자가 책정됩니다. 한 시간만 쓰고 바로 입금한다고 해도 고스란히 하루치 이자를 다 내야 합니다.

　금방 갚을 거니 문제될 것이 없다고요? 그러다가 갑자기 형편이 어려워져서 돈을 금방 갚지 못하게 될 경우에는 어떻게 하죠? 많은 사람이 빚에 무감각해져서 마이너스 통장 이자, 신용카드 할부 수수료, 주택 담보 대출 이자를 아무렇지 않게 생각하는 경향이 있습니다. 하지만 마이너스 통장을 일상적으로 사용한다고 가정해 봅시다. 천만 원짜리 마이너스 통장을 20년간 지속적으로 사용하면 이자율을 8%라 했을 때 이자만 대략 1천 6백만 원을 갚아야 합니다.

어떤 사람은 예금 통장에 잔액이 있어도 현금 흐름이 좋지 않다고 마이너스 통장을 쓰기도 합니다. 이런 식의 금융 소비를 무심코 이어 가다 보면 이자가 새어 나가는 것이 왜 문제인지도 모르게 됩니다. 따라서 마이너스 대출보다는 긴급 예비 자금을 두고 정말 급하게 필요한 지출만을 위해 사용하는 것이 좋습니다.

자꾸만 돈을 쓰라고 유혹하는 마이너스 통장이 있다면 지금 당장 없애는 것이 어떨까요? 대신 비상시에 꺼내 쓸 수 있는 비상금을 확보하는 거죠. 마이너스 통장은 쓰면 쓸수록 부채 원금이 늘어나면서 이자도 늘어납니다. 자산에 대한 마이너스뿐 아니라 월 이자에 대한 고정 지출이 늘어나죠. 마이너스 통장에 빚이 쌓여 있다면 반드시 해결해야 합니다.

빚부터 갚자

50~60대 가정으로 갈수록 가계 부채가 집중되어 있는 것은 한국만의 독특한 현상입니다. 게다가 한국은 이자만 납입하다가 일시 상환하는 거치식의 비중이 높죠. 빚을 내는 데 있어서 위험하고 부담스러운 방법을 택하고 있는 것입니다.

나이가 많든 적든 누구나 빚을 얻을 수는 있습니다. 돈이 많이 들어갈 일이 있는데 모아 놓은 저축액으로 부족하다면 일단 빌려서 메우고 나중에 갚는 방법을 선택할 수 있죠. 예를 들어 집을 산다든가 자녀 교육과 결혼 등 중요한 일을 앞두고 돈이 모자란다면 안전하고 믿을 수 있는 곳에서 빌리는 것이 당연합니다. 빚이 없다면 좋겠지만 현실과는 동떨어진 바람 아닐까요?

문제는 빚을 갚을 능력이 부족한 사람들이 감당할 수 없는 규모의 빚을 지는 데 있습니다. 이런 현상을 부채질하는 것이 저금리입니다. 저금리가 지속되면서 상환 능력을 벗어나 빚을 얻는 현상이 크게 늘었습니다. 2014년부터 정부가 부동산 시장 활성화 차원에서 대출 규제를 완화하면서 주택 담보 대출이 급증했죠.

'정부에서 돈을 빌리라고도 하고, 이자도 적은데 안 빌리면 손해가 아닌가?

　이런 풍조가 널리 퍼졌다고 할까요? 하지만 내 집 마련과 교육비로 인해 소비가 많은 40대 가정에서 부채를 그대로 방치하는 것은 매우 위험한 일입니다. 곧 50대, 60대가 되어서 수입이 줄어들면 부채로 인한 리스크를 고스란히 떠안아야 하니까요. 이런 불상사를 대비하기 위해서는 노후가 다가오기 전에 미리 채무를 청산해야 합니다.

　그렇다면 어떻게 해야 채무를 청산할 수 있는지 그 우선순위를 알아보겠습니다.

채무 청산하기

1. 여러 가지 채무가 맞물려 있다면 회전율이 빠른 대출부터 갚는다. 이율이나 상환 기간의 부담이 큰 대출은 하루라도 빨리 갚는 것이 급선무이다. 카드론과 현금 서비스가 대표적인 예이다.
2. 채무 상환이 어렵다면 금융 기관을 찾아가 도움을 청한다. 상담을 받고 대출 기간과 상환 기간을 연장 받는 방법을 알아봐 악성 채무자가 되는 것을 방지해야 한다.
3. 무슨 일이 있어도 빚을 내어 빚을 막는 돌려 막기는 하지 않는다.
4. 채무를 상환하는 중에도 현금 흐름은 만들어야 한다. 현

금 흐름을 만들지 못하면 빚이 늘어나는 악순환을 면할 수 없다. 교육비, 식비와 같이 도저히 줄일 수 없는 지출 항목까지 줄여야 한다. 빚을 갚기 위해서는 예전에 누리던 것들을 포기할 줄 알아야 한다.

5. 현금 흐름을 만들었다면 70%는 빚을 갚고 30%는 저축을 한다. 현금이 생겼다고 해서 전부 빚을 갚는 데에 써 버리면 안 된다. 갑자기 큰돈이 필요하거나 병원에 가야 할 일과 같은 비상사태에 대비해야 한다. 여윳돈 없이 모두 빚을 갚는 데 써 버리면 비상시에 또 빚을 져야 한다.

6. 개인회생, 워크아웃, 국민행복기금과 같은 채무 조정 제도를 적극적으로 활용한다. 소액이라도 빚을 줄이거나 상환 기간을 늘릴 수 있다.

교육비 리스크,
막을 수 없을까?

"다녀오겠습니다."

아침 식사를 하고 등교하려는 민재의 어깨가 그날따라 더 무거워 보였다. 다른 사람은 몰라도 엄마인 파란 씨는 한눈에 알수 있었다. 그러고 보니 요즘 민재의 표정이 어두워진 것 같았다. 예전에는 너무 심한 장난꾸러기라서 걱정이었는데. 파란씨는 민재에게 무슨 일이 있느냐고 조심스럽게 물었다.

"엄마, 우리 집 지금 어렵지?"

"갑자기 그게 무슨 말이야?"

"사실은 나 과외 받고 싶어. 학원 다니고 독서실에서 혼자 공부하는 것만으로는 부족해."

파란 씨는 민재가 무슨 말을 하고 싶은지 곧 알아차렸다. 갑자기 고등학생이 됐으니 학습 수준을 따라가는 것이 얼마나 어려울까. 다른 부모들처럼 공부를 잘하는 것은 바라지도 않았는데, 그저 학교생활에 적응만 했으면 하고 바랐는데…….

"솔직히 말하면 학교 가기 싫어. 초등학생이 갑자기 고등학생이 됐는데 내가 뭘 어떻게 하겠어. 선생님이 문제 풀어 보라고 하는 건 아닌지, 모르는 게 시험에 나오는 건 아닌지 정말 조마조마해. 마음 같아서는 그냥 자퇴하고 검정고시 봤으면 좋겠어."

몸만 컸지 마음은 아직 초등학생인 파란 씨의 아들. 그런 아들이 침울해 하는 모습을 보니 가슴이 찢어지는 것 같았다. 파란 씨는 원래대로 돌아갈 수도 있으니 조금만 기다려 보자며 아들을 달랬다.

"과외는 아빠랑 상의해 볼게."

민재는 엄마의 다독임에 기분이 조금 나아졌는지 인사를 하고 집을 나섰다. 파란 씨는 아이들 교육 문제가 이렇게 빨리 닥칠 줄 몰랐던 탓에 당황스러웠다. 다행히 파란 씨에게는 다섯 살 많은 언니인 혜란 씨가 있었다. 언니의 아이들이 고등학생, 중학생이니까 언니에게 아이들 교육 문제를 상의할 수 있을 것 같았다. 휴대폰 통화음이 울린 지 한참 만에 혜란 씨가 전화를 받았다.

"언니, 전화를 왜 이렇게 늦게 받아?"

"그게…… 얼마 전부터 일 시작했어."

이야기를 들어보니 혜란 씨는 두 아이에게 들어가는 학원비를 벌기 위해 야쿠르트 아줌마로 일하고 있다고 했다. 혜란 씨는 아이를 낳고 육아를 위해 직장을 그만둔 경력 단절 여성이었다. 큰아이가 초등학생이 된 후부터 계속 일자리를 알아봤지만 취업난이 거세고 경력이 끊긴 탓에 받아 주는 곳이 없었다. 남편도 혜란 씨에게 취업한다고 괜한 고생하지 말고 집에서 살림하면서 아이들을 돌보라고 했다. 그런데 큰아이가 고등학생이 되면서 다시 일을 시작했다. 월수입은 170만 원 남짓이라고 했다. 혜란 씨는 사교육비로 한 달에 백만 원가량 쓰고 나머지는 저축을 한다면서 이렇게 말했다.

"큰아이 등록금 모으려면 이걸로는 모자라. 한 학기에 6백만 원 정도 되니 졸업할 때까지 5천만 원이 필요하잖아. 여윳돈 생기면 무조건 모으고 있어."

"힘들지 않아? 언니 건강도 안 좋은데."

"다들 이렇게 살아. 마트에서 캐셔하고 콜센터에서 알바하고. 나만 그런 거 아니야. 파란아, 너도 애들 어릴 때 미리미리 준비해 둬."

"알았어, 언니. 몸 상하지 않게 너무 무리하지 마."

전화를 끊고도 한동안 파란 씨의 마음이 불편했다. 어릴 때부터 몸이 약골이라서 부모님이 걱정을 많이 했던 언니. 그리 힘들게 일하다가 병이라도 나면 어쩌려고. 그리고 여윳돈을 전부 교육비로 쓰면 언니 부부의 노후는 어떻게 될까?

파란 씨는 부모의 행복과 아이들의 미래 중에 무엇을 우선으로 생각해야 하는지 혼란스러웠다. 두 가지 모두 지혜롭게 준비하는 방법은 정녕 없는 것일까?

교육비 VS 노후

교육비가 먼저인가, 노후 준비가 먼저인가. 참 어렵죠? 닭이 먼저인가, 달걀이 먼저인가 하는 질문처럼 답을 내기가 쉽지 않습니다. 노후 준비와 교육비에 대해서는 두 가지 의견이 엇갈립니다.

1. 사교육비로 쓸 돈을 모아 노후 준비를 하는 게 맞다. 왜냐하면 자식들이 노후를 책임져 주지 못할 수도 있으니까.
2. 자식들 교육을 제대로 시키지 않으면 훗날에 문제가 생길 수도 있다. 캥거루족이 되어 계속 부모에게 의지하면 그때는 어떻게 할 것인가?

어때요? 둘 다 맞는 말 같죠? 노후 준비와 자녀 교육은 우선순위를 정하는 것이 쉽지 않습니다. 그런데 대한민국 대부분의 가정은 노후 준비보다 교육비 지출이 앞선다고 해요. 교육비는 당장 닥친 일이고 노후 준비는 나중 일이기 때문이죠. 그래서 40~50대 부모 태반이 에듀 푸어라는 말이 있고, 노후 준비는 뒷전으로 밀려납니다.

그렇다면 에듀 푸어라고 불릴 만한 사람들은 어떤 사람들일까요? 이들은 대졸 이상 학력의 40대 이상 중산층으로, 월평균 387만 원을 벌고 교육비로 105만 원(소득의 27.2%)을 쓴다고 합니다. 문제는 교육에 많은 돈을 투입한다고 해서 자녀가 성공한다는 증거가 어디에도 없다는 사실입니다. 오히려 부모의 지나친 교육열이 자녀를 망치는 경우가 많죠.

이런 집 아이들은 초등학생 때부터 부모가 짠 시간표에 맞춰서 학원에 다닙니다. 그래서 아이들이 주체적으로 원하는 바를 결정하고 선택할 기회가 없다고 합니다. 요즘 대학생인 자녀의 수강 신청을 대신해 주는 부모, 지도 교수와 통화까지 하는 부모, 면접에 떨어졌다고 회사에 전화해서 항의하는 부모가 있다고 하죠. 하나부터 열까지 부모가 계획한 대로 살게 한다면 자녀는 결코 성공할 수 없습니다.

그리고 지금의 40대 부모들은 옛날 세대의 성공 방정식을 따르고 자녀들에게도 강요하고 있지는 않은지 생각해 봐야 합니다. 지금 40대 중산층은 교육 과정만 제대로 밟으면 좋은 직장을 가지고 안정된 수익을 누릴 수 있었습니다. 농촌에서 소를 팔아서 자식을 대학에 보낸 부모님들의 교육열 덕분이었죠. 하지만 지금은 그런 시대가 아닙니다. 달라진 세상을 냉철하게 바라봐야 합니다.

따라서 노후 준비를 포기하면서까지 무분별하게 사교육에 돈을 퍼붓기보다 자녀의 적성을 살려 주는 부모가 되어야 합니다. 물론 교육이 곧 성공이라고 믿는 에듀 푸어들에게는 받아들여지기 힘든 말일 것입니다. '교육이 곧 성공'이라는 생각은 우리 사회가 오랜 시간 믿고 따른 신념이기 때문에 그것을 거스르는 주장은 받아들여지기 어렵죠.

그렇기 때문에 부모님들이 생각을 잘 하셔야 합니다. 자식은 부모의 투자를 받았지만 성공하지 못하고, 부모는 부모대로 노후 준비가 되어 있지 않아 빈곤하게 산다면 그보다 불행한 일이 어디 있겠습니까?

 교육비 앞에서 균형 잡기

1. 도시에 거주하며 자녀 교육비를 지출하는가?

2. 현재 빚을 졌는가?

3. 가계 소득보다 지출이 많은가?

4. 자녀 교육비가 다른 가구 평균(한 달에 51만 원)보다 많은가?

만약 이 네 가지 질문에 전부 '예'라고 대답했다면 당신은 에듀 푸어입니다. 꼭 에듀 푸어가 아니라고 해도 40대 가정의 재무 상담에서 빠지지 않고 다루어지는 것이 바로 교육비 문제입니다.

예전에 자녀 둘에 외벌이를 하는 가정의 아버지와 상담을 한 적이 있습니다. 그는 정년이 보장되어 있는 회사에 다니고 있었고 대출이 8천만 원이 있었지만, 집도 샀고 노후를 위해 저축도 꾸준히 하고 있었습니다. 그런데 이분의 중학생 아들이 공부를 제법 잘해서 유학을 보내 달라고 했습니다. 부인도 대학교와 대학원은 미국에서 졸업하는 것이 좋겠다고 하고요. 5년 동안 준비해서 유학을 보낼 수 있겠느냐 하는 것이 상담의 주제였습니다.

이 가정의 월수입은 550만 원이고, 그는 60세에 퇴직할 예정입니다. 생활비 220만 원, 양육비와 보험료 등을 포함해서 매월 522만 원을 지출하고 은퇴 후에는 생활비를 2백만 원 지출하면 좋겠다고 했습니다. 아파트 시세는 4억 원이고, 퇴직연금 적립액 8천 5백만 원을 포함해서 저축은 2억 2,385만 원이 있었습니다. 부채가 8천만 원이니까 총 순자산은 5억 4,385만 원이었죠.

이 가정은 3년 뒤에 현재 보유하고 있는 4억 원의 아파트를 팔고 6억 원 정도의 아파트로 이사할 계획을 가지고 있었습니다. 현재 14세인 아들과 11세인 딸의 결혼 자금으로 각각 8천만 원을 지원할 계획이었고요. 아이들이 30세에 결혼한다고 가정하면, 은퇴 시기에 맞춰서 목돈이 지출되는 것이죠.

만약 아들의 유학 자금을 지원하면 미국 동부의 대학교 학사 기준으로 학비, 렌트비, 생활비가 1년에 8천 1백만 원, 석사까지 다닌다면 1년에 9천 7백만 원이 소요됩니다. 주택을 확장하는 45세 시점부터 순자산이 마이너스가 되고, 아들이 유학까지 가게 되면 순자산이 플러스로 전환되지 않습니다.

가정 경제를 지키기 위해서는 무리한 재무 계획을 수정해야 했습니다. 아들의 유학을 석사부터 지원하고, 아들의 결혼 자금을 8천만 원에서 2천만 원으로 조정해야 합니다. 이렇게 조정해도 아파트 평수를 늘려 이사하는 것은 포기해야 하죠. 그래야만 아들을 유학 보내더라도 60세 은퇴 시점까지 자산이 꾸준히 증가하고 최종 순자산이 1억 1천만 원으로, 은퇴 생활에 문제가 없습니다.

아파트 평수 늘리기와 자녀 유학 자금, 결혼 자금을 조정하니 향후 10년간 오히려 9천만 원의 순자산이 증가했습니다. 소득이 있는 동안 자산을 늘리느냐, 써 버리느냐가 노후의 수준을 결정짓습니다. 이 점을 잊지 말고 자녀 교육과 노후 준비 사이에서 균형을 잡으시길 바랍니다.

흙노후가
무서워

만장 씨는 퇴근 후 지하철에서 스마트폰으로 인터넷 SNS에 접속했다. 한동안 소식이 뜸했던 대학 시절 교수님의 사진이 여러 장 올라와 있었다. 노부부가 나란히 서서 활짝 웃으며 사진을 찍은 곳은 이탈리아 피렌체였다. 파란 하늘에 아름다운 풍경, 여유로워 보이는 사람들……. 그 교수는 만장 씨가 대학을 다닐 때도 이른바 금수저로, 집이 부유하다고 소문이 난 분이었다. 그 사이 정년을 마치고 아내와 유유자적 금노후를 보내고 있는 듯했다.

부러우면 지는 거라지만 회사, 집, 회사, 집만 오가는 만장 씨로서는 부럽지 않을 수 없었다. 돈과 시간에 구애받지 않고 건강을 챙겨 가며 부부가 손잡고 함께 해외여행을 다니는 모습을 보면서 만장 씨는 생각했다.

'나와 파란이도 퇴직 후에 저렇게 우아하게 살 수 있을까?'

사실 만장 씨는 피렌체가 이탈리아의 도시라는 것만 알았지 어디에 붙어 있는지도 잘 몰랐다. 노후를 맞은 분들이 여행을 다녀오더라도 중국이나 동남아에 가는 경우가 많았다. 그마저도 갈 수만 있으면 감지덕지인데 교수님은 이탈리아로 몇 주일씩 여행을 다녀오다니. 만장 씨는 또 이런 생각이 들었다.

'죽기 전에 파란이랑 손잡고 이탈리아에 다녀올 수 있을까?'

자신이 없었다. 이럴 줄 알았으면 결혼할 때 유럽으로 신혼여행을 갈 걸 하는 후회가 들었다. 결혼 초기만 해도 아내에게 행복하게 해 주겠다고 큰소리쳤던 그였지만 이제 아내는 그런 말을 들으면 그저 웃기만 했다. 도무지 믿을 수 없다는 눈빛을 보내며.

만장 씨는 이대로 늙어서 노인이 된 자신과 아내를 상상해 보았다.

'민재, 민서에게 노후를 부탁하는 건 꿈도 못 꿀 일이겠지? 나만 해도 부모님을 모시지 않잖아. 겨우 용돈만 드리고……'

노후에 자식들에게 의지하기는커녕 빠듯하더라도 아내와 둘이서 살 수 있으면 다행일 것 같았다.

'몹쓸 병에 걸려서 자식들 고생시키면 어쩌지? 그저 가끔씩 만나서 맛있는 음식 먹고, 손주들 용돈이나 주고 그렇게만 살아도 소원이 없겠어.'

만장 씨는 얼른 SNS 창을 닫고 포털 사이트에 접속했다. 일본 노인의 노후 파산 관련 기사가 메인에 떠 있었다. 80대 한 노인은 20년 전에 퇴직할 때 자신의 통장에 2억 5천만 원의 예금이 있었다고 했다. 지난 40년 동안 직장 생활을 하며 모아 둔 돈이었다. 그 정도 돈이면 검소하게 절약하면서 노후를 보내기에 충분할 것이라 생각했다.

그러나 퇴직 후 20년이 지날 무렵, 통장 잔고는 서서히 바닥을 드러냈다. 노인은 갑자기 아내가 치매에 걸려 요양원에 입원하면서부터 연금으로는 도무지 살 수 없고 갈수록 적자액이 커지고 있다고 했다. 그리고 이렇게 말했다.

"큰돈은 못 벌어도 40년 동안 정말 열심히 일했는데 이렇게 비참한 노후를 맞을 줄 몰랐어요. 앞으로 얼마나 더 살지 모르겠지만 앞날이 캄캄합니다."

우리 사회와 닮은꼴인 일본에서 벌어진 일이라니, 만장 씨는 노후 파산이 남의 일 같지가 않았다.

'이대로 불황이 더 심해지고 수명은 더 길어지면 어떻게 되는 걸까?'

만장 씨는 우울해졌다. 괜히 스마트폰을 들여다봐서는! 오늘따라 지하철 인파도 평소보다 더 빡빡했다. 삶이 고달프게 느껴졌다.

노후 준비, 빠를수록 좋다

　만장 씨가 본 인터넷 기사처럼 일본 사회에서는 노후 파산이 심각한 문제로 떠오르고 있습니다. 일본의 방송사 NHK가 노후 파산 직전까지 몰린 노인들의 모습을 방영했는데, 일본인들에게 큰 충격을 주었다고 해요. 몸이 아파도 병원에 가지 못하는 모습, 다음 달 연금이 들어올 때까지 며칠 동안 소면만 끓여 먹으며 연명하는 모습이 전파를 탔습니다.

　매월 기초 연금과 회사 퇴직연금을 받는다고 해도 비싼 거주비와 생활비를 지불하고 나면 수중에 남는 돈은 터무니없이 부족하죠. 오래 살면 살수록 적자액만 눈덩이처럼 커진다는데, 정말 남의 일이 아닙니다.

　노후를 보내는 데 별다른 어려움이 없을 것 같은 고소득층도 사정이 마찬가지라고 합니다. 고소득층은 소득이 있을 때 소비를 많이 하던 패턴이 남아 있어 노후에도 생활비를 많이 지출하는 것이 문제라고 하네요. 처음에는 노후에 이 정도면 자금이 충분하다고 생각하죠. 그러나 퇴직 후에 해외로 여행을 다니고 자녀들에게 생활비를 주고 손자들 교육비를 대 주다가 갑자기 예금 잔고가 줄어든 것을 보고 충격을 받는 경우도 있다고 합니다.

한국도 노후 파산에 있어서 안전지대가 아닙니다. 한국은 일본보다 더 빨리 고령화가 진행되고 있고, 갈수록 노인 빈곤층이 많아지고 있다는 사실을 잊어서는 안 됩니다. 중산층까지도 퇴직 이후에 빈곤층으로 전락하는 경우가 많습니다.

그런데 노후 준비라는 것이 준비하고 싶다고 해서 하루아침에 할 수 있는 게 아니죠. 적어도 40대부터는 노후에 대비해야 합니다. 아시다시피 40대가 되면 인생의 무게가 확연히 달라집니다. 자녀들은 훌쩍 자라고, 직장에서는 중간 관리자가 되고 개인 사업자도 사업이 어느 정도 수준까지 오르죠. 이때 바짝 노후 준비의 틀을 탄탄하게 다지면 그 이후의 노후 준비는 훨씬 수월해집니다.

하지만 40대에 노후 준비를 잘하기 위해서는 넘어야 할 고비가 많습니다. 일단 자녀의 교육 문제가 본격적으로 고개를 듭니다. 노후 파산을 겪는 사람들에게는 여러 가지 이유가 있습니다. 그중 가장 큰 원인은 앞서 에듀 푸어 문제를 언급했듯 높은 사교육비와 자녀의 결혼 비용입니다. 이 문제를 해결하지 못하면 여유로운 노후를 기대하지 않는 것이 좋습니다.

돈 걱정 없이 노후를 보내고 싶으면 교육비와 노후 자금의 균형을 잘 맞춰 나가야 합니다. 과외 하나를 줄여서라도 개인

연금에 가입해야 하고, 결혼 비용은 노후에 지장을 주지 않는 선에서 지원해야 합니다. 가정마다 처한 현실을 분명하게 깨닫고 불합리한 환경을 개선하기 위해 부모가 용기를 내야 합니다.

여기에 40대는 내 집 마련을 추진하는 나이입니다. 자녀가 둘이라면 전용 면적 85㎡ 이상의 집이 필요하고, 지역이 서울이라면 분양가가 최소 5~6억 원입니다. 이때 신중하게 살펴봐야 할 것이 부동산 시장의 동향입니다. 앞으로도 주택은 공급 과잉과 인구 감소로 과거처럼 크게 투자 수익을 기대하기 어렵습니다. 따라서 실수요로, 내가 살 집을 마련할 필요가 있습니다. 집은 투자 대상이 아니라 거주 목적으로 접근해야 합니다.

마지막으로 여유로운 노후를 위해 40대에 해야 할 일이 하나 더 있습니다. 바로 인생 후반전을 준비하는 것이죠. 축구도 후반전에 선수를 교체하고 전술을 다시 짜듯이 인생에도 그런 대비가 필요합니다.

노후 준비에 관해 상담을 받은 적이 있는 40대 초반의 한 가장은 요즘 직장을 다니면서 사회복지사 공부를 하고 있습니다. 주말에 인터넷 강의를 듣고 120시간의 자원봉사 실적을 쌓고 있다고 합니다. 요즘 이런 사람들이 적지 않습니다. 틈틈이 공인중개사 공부를 하는 사람, 보험설계사 공부를 하는 사람, 목공을 배우는 사람……. 체력이 받쳐 주고 공부가 어렵지 않을 때 미리 인생 후반전을 준비하는 것이죠.

노후 준비가 너무 어렵고 막연하다고요? 하루하루 살기 바빠서 준비를 하지 못하겠다고요? 더 늦기 전에, 더 많이 후회하기 전에 지금 당장 노후 준비를 시작하세요. 노후는 우리가 생각하는 것보다 훨씬 길고 만만하지 않습니다.

 노후 자금을 모으는 세 가지 방법

저는 노후 준비를 위해 저축을 늘리는 방법에 대해 말해 보겠습니다. 우리가 통상적으로 알고 있는 저축 늘리기 방법이 뭐가 있죠? 맞습니다. 지출 통제입니다. 노후를 위한 종잣돈을 마련하기 위해서도 지출 통제로 새는 돈을 막아 현금 흐름을 좋게 만드는 과정이 필수입니다. 저수지에 물이 새는 구멍을 그대로 방치해 놓고 물이 가득 고이기를 바라서는 안 되는 것이죠.

그렇다면 40대에 노후 자금을 모으는 특별한 방법은 무엇이 있을까요? 저는 그 방법을 세 가지로 봅니다.

1. 더 많이 저축하라.
2. 더 높은 수익률로 투자하라.
3. 시간만이 내 편, 더 오랫동안 모아라.

여러분은 이 세 가지 중에서 어떤 방법이 제일 좋다고 생각하나요? 일단 1번은 쉽지 않습니다. 투잡을 하지 않는 이상 수입은 정해져 있으니까요. 하지만 저축의 비율을 정하면 더 효율적으로 돈을 모을 수 있습니다.

우선 전체 저축의 30%는 주택 구입과 확장 자금으로 준비하십시오. 무조건 빨리 주택을 장만하기보다는 일정 기간을 두고 준비하는 것이 좋습니다. 그리고 30%는 자녀 교육과 결혼 자금으로 저축하고, 나머지 30%는 부부의 노후 자금으로 저축해야 합니다.

보험사들은 다양한 연금성 상품을 내놓고 있습니다. 특히 노후 자금은 장기적 자산 운용이기 때문에 안전하고, 비과세 혜택이 있으며, 복리 이자를 받을 수 있는 상품이 적합합니다. 나머지 10%는 질병과 사망, 장애에 대한 보장 자산으로 준비해 둬야 합니다. 나와 내 가족을 위해 보장성보험은 꼭 챙겨 두세요.

다음 2번으로 가 볼까요? 높은 투자 수익률을 추구하는 것은 원금 손실 위험이 동반되기 때문에 쉽지 않습니다. 요즘

30~40대 중에서는 위험을 감수하고 주식이나 채권, 펀드 등의 투자를 병행하는 사람이 많습니다. 고수익이 보장된다면 좋겠지만, 마음대로 되지 않는 것이 투자죠. 실제로 통계청에 따르면 우리나라 가구의 91.6%는 금융 자산 투자 시 예·적금을 선호합니다. 그만큼 투자의 안정성을 중시한다는 것이죠. 하지만 예·적금만큼은 아니더라도 안전하면서도 수익은 훨씬 높은 상품이나 또는 수익률은 높으면서 원금을 보장하는 상품 등도 분명 있습니다.

마지막으로 적은 돈이라도 오래, 꾸준히 저축하는 것이 중요합니다. 습관적으로 수입의 일부를 저축하는 것이 당장은 쉽지 않습니다. 하지만 몇 십 년이 흐르면 그 돈이 큰 도움이 됩니다.

적은 액수라도 좋으니 집이나 자녀 양육비 준비와는 별도로 노후 자금을 따로 준비해서 유지하십시오. 출금이 자유로운 예·적금이 아니라 노후 준비를 위해 출시된 연금보험과 연금저축을 이용해 세금 혜택과 노후 준비를 동시에 하는 것이 좋습니다. 저축액을 대폭 늘리거나 투자 수익률을 높이기 어렵다면 시간을 내 편으로 활용하세요.

40대 가정의 **재무 문제&솔루션**

1. 40대 가정에 닥치는 위협

지금의 40대는 예전의 40대와 사정이 크게 달라졌다. 내적으로는 예전보다 결혼이 늦고 외적으로는 명예퇴직과 구조조정이 위협을 가한다. 여기에 대학 졸업, 사회생활을 하기까지 시간이 한참이나 남은 자녀들이 있다. 준비가 잘 되어 있어 경제적으로 여유가 있다면 문제가 없지만 평범한 가정이라면 어떨까? 지출은 계속 늘어나는데 40대가 넘어가면 명예퇴직과 구조조정 등으로 사회적·경제적 위치가 불안해지는 것이 현실이다.

이런 이유로 40대 가정만의 전략이 필요하다. 일단 어린 자녀의 양육 때문에 외벌이가 되었다면 다시 맞벌이로 전환해야 한다. 유입되는 소득이 조금이라도 더 많아져야 늘어가는 지출을 감당하고 미래를 위한 준비도 해 나갈 수 있다.

2. 돈줄, 놓치지 마세요

꼭 필요한 지출을 늘리더라도 새는 돈을 막고 저축을 늘림으로써 안정적인 현금 흐름을 만드는 일을 게을리 하면 안 된다. 예를 들어 매월 백만 원을 지출하다가 그중 십만 원을 줄이면 연간 10%의 수익률을 낼 수 있는 상품에 가입한 것과 다름없다. 저축 금리가 1%대인 시대에 10%의 이자를 주는 상품을 찾는 것은 쉽지 않을 것이다.

막연하게 허리띠를 졸라매자는 이야기가 아니다. 커피값, 담뱃값, 대리운전비, 술값, 야식비, 외식비 등 얼떨결에 새는 돈을 줄여 보자. 새는 돈을 줄이는 것은 저축을 늘린다는 뜻이고, 저축을 늘리면 돈을 더 잘 쓸 수 있게 된다. 지금 십만 원을 쓸 것인지, 1년 후에 120만 원을 쓸 것인지는 선택의 문제이다.

3. 보험도 구조조정하자

매월 내고 있는 보험료야말로 대부분 가정의 고정 지출 중에서 가장 큰 비중을 차지한다. 더군다나 비용이 큰 고정 지출임에도 언제, 어떻게 돌려받을지 모르면서 지출하는 경우가 많다. 보험료가 많다고 보장이 잘 되어 있다는 보장도 없는데 말이다. 보험은 가입하기 위한 상품이 아니라 보험금을 받기 위한 상품이다. 얼마든지 최소한의 보험료로 충분한 효과를 볼 수 있게 구성할 수 있다.

예를 들어 종신보험의 경우, 막내 자녀가 사회생활을 시작하는 나이까지 보장받는 정기 보험으로 하면 10분의 1 수준으로 보험료를 줄일 수 있다. 진단비와 치료비 등은 보장의 범위가 넓은 손해보험사 상품을 활용하면 조금은 저렴하게 효율적인 준비가 가능하다. 그리고 기본적인 실손 보험 정도만 가입되어 있으면 대박에는 미치지 못해도 평균적인 준비는 가능하다. 보험은 비용이라는 것을 잊지 말아야 한다.

CHAPTER 4

금노후를
보내려면

미워도
다시 한 번 연금

파란만장 부부가 그토록 걱정하던 일이 벌어졌다. 올 것이 오고 만 것이다. 어느 날 눈을 떠 보니, 또 시간을 달렸고 파란만장 부부는 노인이 되어 있었다. 20대와 40대를 살아본 것은 그런대로 나쁘지 않았다. 하지만 갑자기 노인이 되자 두 사람은 말로 표현할 수 없을 정도로 우울했다.

"기운이 하나도 없어. 움직일 때마다 관절이 쑤셔. 우리 이대로 늙어 죽는 거 아닐까?"

"아니야, 원래 우리 나이로 돌아갈 수 있을 거야. 이제 우리가 가 볼 수 있는 시간은 다 가 봤잖아."

"만약에 여기서 멈춰 버리면 어떻게 하지?"

갑자기 몸이 쇠약해져서 그런지 생각도 부정적으로 변했다.

"우리 조금만 더 힘내서 잘 살아 보자. 그러면 분명히 예전으로 돌아갈 수 있을 거야."

그때 현관문 열리는 소리가 나더니 민재와 민서가 들어왔다. 만장 씨와 파란 씨는 하마터면 아이들을 알아보지 못하고 '누구세요?'라고 물을 뻔했다. 아이들은 성인이 되어 있었다. 청년이 된 민재는 취업 준비 중이었고 민서는 대학생이었다.

"갑자기 어른이 되니까 힘들어 죽겠어요. 취업이 하늘에 별 따기라더니 정말 그래요. 어떻게 살아야 할지……."

"맞아. 나 다섯 살로 돌아가고 싶어. 대학생 너무 힘들어."

"애들아 조금만 힘내. 너희는 그래도 젊잖아. 엄마와 아빠는 노인이야.

그러자 민재가 걱정스러운 표정을 지으면서 말했다.

"그래서 말인데 우리 집에 돈 좀 있어요? 두 분 다 노인이 돼서 일도 못하는데 나는 취업도 안 되고……. 우리 식구 어떻게 먹고살아요? 민서랑 내가 알바라도 뛸까?"

생각하지도 못한 일이었다. 당장은 저축으로 버틴다지만 그 것도 한계가 있는데. 만장 씨는 일단 아이들을 안심시켰다.

"우선 너희는 너희 할 일을 열심히 해. 민재는 취업하고 민서는 학점 잘 받고. 먹고사는 건 아빠와 엄마가 최대한 애써 볼게."

말은 그렇게 했지만 사실 막막했다. 아이들이 나가고 집에는 다시 파란만장 부부만 남았다. 고심하던 끝에 만장 씨가 어렵게 말을 꺼냈다.

"민재 말대로 지금 힘든 건 사실이니까 국민연금을 당겨서 받아 볼까?"

"연금 당겨 받으면 나중에 손해야, 여보."

"그건 아는데 방법이 없잖아."

"다 당겨서 쓰면 나중에 어떻게 해? 다시 예전으로 돌아간다고 해도 연금 당겨쓴 건 못 물릴 거 아니야. 신중하게 결정해야 돼."

"그럼, 내가 일할 데를 알아볼게."

"허리도 잘 펴지 못하면서 무슨. 일단 연금을 최대한 알아보고 활용하자. 당겨서 쓰는 건 마지막 수단으로 남겨 두고."

"미안해, 여보. 내가 그때 괜히 테마 극장에 들어가자고 해서."

"아니야. 어떻게 보면 이렇게라도 노후를 미리 체험해 보는 게 좋은 일일 수도 있어. 자책하지 마."

"고마워."

파란 씨는 자신의 어깨에 기댄 만장 씨가 낯설었다. 멋지고 젊던 남편은 어디 가고 웬 할아버지가 나타났나 생각하다가 고개를 저었다.

'남편도 날 보면서 웬 할머니가 여기 있냐고 생각하겠지?'

이렇게 빨리, 갑자기 노인이 될 줄 몰랐지만 어쩌겠는가. 지금 상황에서 최선을 다해야지. 파란만장 부부는 우선 연금에 대해 공부하기로 했다.

솔루션 solution

연금에 대해 공부합시다

노후 준비도 하지 못했는데 갑자기 노인이 된 파란만장 부부. 정말 앞일이 막막할 것 같은데요? 제대로 준비가 되지 않은 상태로 노후를 맞은 이들에게 연금만큼 든든한 것은 없습니다. 은퇴 가정이 안정적으로 수입을 확보하기 위해서는 가장 먼저 연금의 기본인 국민연금부터 활용해야 합니다.

국민연금 중에서도 먼저 노령연금에 대해 알아봅시다. 노령연금은 가입자가 나이가 들어 소득 활동을 하지 못할 때 생활 안정을 위해 지급하는 연금입니다. 노령연금 수급 자격은 만 65세 이상의 대한민국 국적을 가지고 있는, 국내에 거주하는 노인 중 가구의 소득 인정액이 선정 기준액 이하인 분들에게 주어집니다.

65세가 너무 늦다고 생각되면 조기노령연금제도를 활용할 수 있습니다. 조기노령연금 신청은 국민연금에 가입한 기간이 최소 10년 이상이어야 가능합니다. 노령연금을 받기 5년 전부터 신청할 수 있는데, 신규로 노령연금을 받을 경우 56세부터 연금 신청을 할 수 있죠. 반대로 연금을 늦게 받는 연기

연금도 있습니다. 가입자에게 어느 편이 더 유리한지 잘 따져 봐야겠죠?

어느 편이 유리한지 따져 보기 전에 수령 시기별로 어떻게 연금을 지급받게 되는지부터 살펴봐야 합니다. 우선 조기노령연금을 신청하면 감액 비율이 연 6%로, 자연스럽게 받는 돈은 적어집니다. 1년 일찍 연금을 신청하면 기존 연금액의 94%를 받고, 최대로 당겨 받을 수 있는 한도인 5년을 신청하면 30%를 감액합니다.

최근 경기 침체와 고령화로 인해 국민연금을 미리 타는 조기 연금 수급자가 늘어났다고 합니다. 손해를 보더라도 대출을 받는 것보다는 연금을 일찍 타는 것이 낫다는 계산 때문이죠. 하지만 일찍 받으면 그만큼 손해를 감수해야 하는 것이 사실입니다.

연금을 늦춰서 받는 연기연금 역시 최대 5년까지 돈을 받는 시기를 늦출 수 있습니다. 당장 올해부터 연금을 받을 수 있다 해도 연기연금제도를 활용해서 66세까지 연금 수급을 미룰 수 있는 것이죠. 늦게 받는 만큼 조건은 필요 없고 혜택이 주어집니다. 1년 늦출 때마다 기존 연금액에 7.2%를 더해서 연금을 지급받을 수 있어요. 결국 노령연금을 미리 받는 것이 유리한지, 나중에 받는 것이 유리한지는 사람에 따라, 상황에 따라 다릅니다. 납입 원금 회수, 수령 총액 등을 비교해서 잘 선택해야 합니다.

그러면 이제 노령연금을 많이 받을 수 있는 방법을 알아볼까요? 기본적으로 노령연금을 받으려면 최소 가입 기간 10년(120개월)을 맞춰야 합니다. 이 조건을 충족한 상태에서 노후에 받게 될 연금액은 가입자의 가입 기간과 가입 기간에 낸 보험료에 달렸습니다. 그렇기 때문에 기본적으로 근로 기간에 보험료를 꾸준히 내는 것이 중요합니다. 되도록 오래 가입해야 더 많은 연금을 받을 수 있습니다.

가입 기간을 늘리는 방법으로는 임의 가입이 있습니다. 임의 가입은 전업주부나 학생, 군인처럼 강제로 가입할 의무가 없는 사람도 국민연금에 가입해 노후 연금 혜택을 받을 수 있게 하는 제도입니다. 18세 이상 60세 미만이라면 자신의 선택으로 임의 가입자가 될 수 있습니다.

추후 납부는 실직 등으로 소득이 없어서 보험료를 내지 않겠다고 납부 예외를 신청한 가입자가 이후 소득 활동을 하게 되었을 때 납부 예외 기간에 내지 않은 보험료를 낼 수 있는 제도입니다. 내지 않은 보험료를 일시에 내거나 나눠 내어 가입 기간을 늘리면서 연금액을 올릴 수 있습니다.

또한 최소 가입 기간을 채우지 못하고 60세에 도달하거나 해외 이민, 국적 상실 등으로 그동안 낸 보험료를 연금이 아닌 반환 일시금으로 받았던 사람은 소정의 이자와 함께 반납해 가입 기간을 채울 수 있습니다.

과거에 반환 일시금을 받은 적이 있고, 재가입한 기간이 10년에 미치지 못한다면 무조건 일시금을 반납할 필요가 있습니다. 목돈을 반납한다는 것이 부담스럽더라도 일시 반환금은 반납하는 것이 좋습니다. 납부 예외 기간을 신청한 경우에도 가입 기간을 10년을 채우지 못한다면 추후 납부를 활용해서 기준 가입 기간을 확보하는 방안을 활용해야 합니다.

만약 소득이 없어서 연금 납부가 정말 어려운 상황이라면 연체할 것이 아니라 국민연금관리공단에 신고를 하는 것이 좋습니다. 사업자등록증을 말소하는 등의 조취를 취해 납부 예외자가 되는 것이 납부를 무작정 미루는 것보다 나으니까요. 납부 예외자는 기본적으로 가입자로 인정받을 수 있습니다. 이 기간 동안 장애를 입거나 사망하더라도 장애연금이나 유족연금을 받을 수 있고요.

끝으로 국민연금은 소득 신고 액수가 높을수록 매월 납입해야 하는 보험료가 늘어납니다. 하지만 이에 따라서 받게 되는 연금액도 커지죠. 나중을 생각한다면 연금액이 높은 것이 좋은 거 다들 아시죠? 소득 신고 금액이 높으면 노령연금, 유족연금, 장애연금 등과 같은 모든 연금액이 커지게 되니 소득을 일부러 낮춰서 신고할 필요는 없습니다.

사적 연금, 복잡하지 않아요

앞서 살펴본 노령연금은 공적연금입니다. 이제부터는 사적 연금 활용법에 대해 알아보겠습니다. 사적연금 중에서도 특히 퇴직연금 위주로 알아보겠는데요. 일반적으로 개인형 퇴직연금IRP의 가입률은 미미합니다. 만약 내가 연금 생활자로서 노후를 안정적으로 보내고 싶다면 퇴직연금을 추가 적립하는 것도 하나의 전략이 될 수 있습니다. 상품을 선택할 때 가장 기본적으로 고려해야 하는 사항은 무엇인지 알아볼까요?

우선 퇴직연금의 종류부터 살펴보겠습니다. 퇴직연금은 확정급여형DB, 확정기여형DC, 개인형IRP으로 구분됩니다. DB형은 회사가 운용의 책임을 지고, DC형은 개인이 운용 책임을 지죠. DB와 DC형 모두 회사가 사업자를 선택하고 사용자 부담금을 납입한다는 것이 공통점입니다. 반면 여기서 다루고자 하는 개인형 퇴직연금은 개인이 추가적으로 가입해 자유롭게 운용할 수 있는 퇴직연금 계좌입니다. 최근 미래 연금에 대한 수요가 높아지면서 개인형 퇴직연금 가입자가 증가하고 있습니다.

IRP의 가장 큰 장점은 세제 혜택을 누릴 수 있다는 것입니다. IRP에 입금된 퇴직금과 자기 부담금에 대해 퇴직 소득세를 내지 않고 운영할 수 있습니다. 또한 연간 1천 8백만 원까지 납입할 수 있는데, 그중 7백만 원까지 세액공제 대상 금액이 됩니다. 세액공제율은 총급여 5천 5백만 원 이하는 15%, 그 외는 12%를 적용하죠. 마지막으로 연금으로 인출하게 되면 원천에 관계없이 저율의 연금소득세를 적용합니다. 원천이 퇴직소득일 때는 퇴직소득세율의 70%를 적용하고, 분리과세합니다.

그렇다면 IRP는 어디서, 어떻게 가입하는 것이 유리할까요? 현재 은행, 증권, 생명보험, 손해보험 등 4개 업권에 51개 퇴직연금 사업자가 있습니다. 안정성, 거래 편리성, 부가 혜택을 기준으로 금융사를 선택해야 합니다. 왜냐하면 퇴직금 거래 기간이 10~20년으로, 비교적 기간이 깁니다. 안전하고 믿을 만한 금융사와 거래하는 것이 바람직합니다.

IRP는 가입 시기가 빠르면 빠를수록 저축 기간이 늘어납니다. 대신 나중에 필요한 연금을 받기 위한 저축 부담은 낮아지게 되므로 연령에 맞는 조절이 필요합니다. 퇴직이 얼마 남지 않은 50대라면 납입금 비중을 10~20% 수준으로 줄이는 것이 좋습니다. 보통 IRP에 자기부담금은 연간 세액공제 한도인 7백만 원까지만 불입합니다. 여유가 된다면 연간 납입 한도는 1천 8백만 원까지입니다. 하지만 이렇게까지 금액을 늘리는 것은 무리가 따르겠죠? 소득에 따라서 현명하게 금액을 책정해야 합니다.

퇴직연금에 가입한 후에는 어떻게 관리해야 할까요? 퇴직연금 사업자는 매년 1회 이상 운용 현황 보고서를 의무적으로 가입자에게 발송하도록 되어 있습니다. 운용 현황 보고서에는 현재 자신의 자산 운용 현황이 자세히 나와 있죠. 이것을 면밀히 살펴보고 궁금한 것은 질문해야 합니다. 또 주기적으로 자산 포트폴리오를 변경하는 것이 중요합니다. 은행 등 영업점 창구가 아니어도 인터넷 뱅킹으로도 손쉽게 포트폴리오를 변경할 수 있습니다. 보유한 펀드의 수익률 성적이 부진하면 펀드 자체의 문제인지 주식형, 채권형, 혼합형으로 나뉘는 펀드 유형 문제인지 먼저 살펴봐야 합니다. 상황에 맞게 유형의 비중을 조절하는 것이 좋습니다.

마지막으로 수수료를 줄일 수 있는 방안을 알아볼까요? 퇴직연금에 가입하면 운용 관리 수수료와 자산 관리 수수료가 발생합니다. 운용 관리 수수료는 퇴직연금 사업자가 적립금에 대한 정보, 적립금 운용 현황 등을 기록하고 보관하고 관리하는 데 드는 비용입니다. 자산 관리 수수료는 계좌 설정이나 적립금을 보관하고 관리하면서 발생하는 비용이고요. 퇴직연금 관련 수수료는 금융감독원에 신고하도록 되어 있으며, 각 퇴직연금 사업자 홈페이지에 명시되어 있습니다. 수수료가 싼 퇴직연금 사업자를 택할 수도 있습니다. 하지만 무조건 수수료가 낮은 사업자를 선택해서는 안 됩니다. 내 퇴직금을 관리하는 금융사의 안전성이나 서비스의 질도 확인해야 합니다.

일반 펀드에 비해 퇴직연금에 편입된 펀드 성과가 대체적으로 우수한 것으로 알려져 있습니다. 퇴직연금은 장기적으로 큰 폭으로 성장할 상품이기 때문에 자산 운용사에서 심혈을 기울이고 있죠. 대부분 퇴직연금 사업자들이 장기 가입자들에게 수수료 할인 혜택(10~15%)을 제공하고 있습니다. 자기 부담금에 대해서도 낮은 수수료 정책을 펴고 있다고 합니다.

생각보다 노후는 깁니다. 긴 노후를 잘 준비하려면 부부간의 재무 대화가 필요합니다. 노후에 어느 정도의 자금으로 살 수 있을지 부부가 함께 현실적으로 예산을 세워야 합니다. 그리고 국민연금을 비롯해서 각종 사적연금을 꼼꼼하게 살펴보는 과정이 필요하다는 것을 절대 잊지 마세요.

노후에도
돈 관리는 계속된다

만장 씨는 답답한 마음에 집 근처 공원으로 나왔다. 곳곳에 별다른 용무 없이 시간을 보내고 있는 노인들이 보였다.

"거, 라이터 있으면 좀 빌립시다."

처음 보는 할아버지 두 분이 만장 씨에게 말을 걸었다. 만장 씨는 허둥지둥대다가 대답했다.

"저요?"

"그래요. 우리 둘 다 라이터가 없어서……."

"죄송해요, 할아버지. 저는 담배를 피우지 않아서 라이터가 없어요."

"아, 그래요? 그런데 그쪽도 환갑 지난 거 같은데 우리더러 할아버지래. 올해 몇이오?"

'할아버지, 저 81년생이에요.'

갑자기 말문이 막힌 만장 씨는 닭띠라고 둘러댔다. 그러자 한 할아버지가 껄껄 웃으면서 이렇게 말했다.

"우리보다 아우구먼. 나는 형님인 줄 알았지!"

'어휴!'

만장 씨는 집으로 가려다가 할아버지 두 분과 나란히 벤치에 앉아서 이야기를 나누었다.

"평생 자동차 회사에서 영업했는데 12년 전에 은퇴했어. 퇴직금에다가 은행 빚을 얻어서 안양에 5층짜리 건물을 하나 샀지. 그거 임대료 받아서 살고 있어."

"그럼 부자시네요?"

"부자는 무슨, 지나가는 개가 웃겠네. 불법 주식 투자 업체의 꾀임에 빠져서 목돈 다 날리고 10년 사이에 이사를 몇 번 했는지 몰라. 여의도에 살 때 10억 원짜리 40평대 아파트에 살았는데 그거 팔고 경기도로 나와서 지금은 20평 조금 넘는 아파트에 살아. 아들놈이 곧 장가를 가는데 건물 세입자도 안 들어오고……."

"걱정이 많으시겠어요."

"밤에 잠이 안 와. 자식이라고 그놈 하난데 건물을 팔아야 하나, 택시 운전이라도 해야 하나 고민 중이야."

"나도 마찬가지야."

다른 할아버지도 자신의 이야기를 시작했다.

"중소기업 임원으로 은퇴한 지 10년 됐지? 믿는 건 주택연금 그거 하나야. 상속은 포기했어. 자식 두 명 키우고 결혼까지 시키니까 남은 게 아무것도 없어. 적금이고 뭐고 다 까먹고 집 한 채 달랑 남았어. 누구보다 열심히 살았다고 생각했는데 왜 이렇게 됐는지 몰라."

노후에 생활고 때문에 힘들어 하는 할아버지들의 이야기를 듣자 만장 씨는 어깨가 축 늘어졌다.

'다들 이렇게 힘드시구나. 텔레비전을 보면 어느 정도 연세 드신 분들은 좋은 집에 살고 여행 다니며 노후를 즐기시는 금노후인데, 현실은 죄다 흙노후야. 그나저나 우리 집은 어쩌지?'

노후 설계는 현실적으로

노후에 한 달 생활비가 어느 정도 필요하다고 생각하세요? 삼성생명 은퇴연구소가 2016년에 25~74세 2,271명을 대상으로 설문조사한 '한국인의 은퇴 준비 2016'을 살펴보면 이에 관한 통계가 나옵니다. 많은 사람이 경제적으로 부족하지 않은 은퇴 후 삶을 위해서는 한 달에 288만 원이 필요하다고 생각한다고 합니다. 그런데 실제 은퇴자들은 190만 원으로 생각하고 있다고 해요.

은퇴자의 35%는 생활비 부족을 경험했다고 답했습니다. 뿐만 아니라 연령이 높아질수록 생활비는 점점 줄어듭니다. 50대 가구의 생활비는 225만 원, 60대 가구의 생활비는 179만 원, 70대 가구의 생활비는 145만 원으로 나타났습니다.

합리적인 노후 준비를 위해 가장 중요한 것은 노후에 얼마가 필요한지를 파악하는 것입니다. 국민연금을 얼마 받는지, 현재 생활비를 어느 정도 쓰는지를 파악하고 현실적인 목표를 세워야 합니다.

노후 생활비에 관한 현실적인 설계를 위해서는 한 가지를 확실히 해 두어야 합니다. 기본 생활비인 월 고정 지출과 비정기적인 지출을 구분하십시오. 이렇게 구분한 지출을 어떻게 충당할 것인지도 생각해야 합니다.

먼저 매달 들어가는 고정 지출은 국민연금과 개인연금 소득을 통해 준비합니다. 기본 생활비는 의식주 해결에 초점을 맞추고 과도한 보험료, 통신비, 렌털로 인해 새는 돈을 줄여야 합니다. 비정기적인 지출은 연간 단위로 계획을 세우는 것이 좋습니다. 노후에는 수입이 있을 때보다 기본 생활비를 조금 더 검소하게 쓰도록 계획을 잡고, 비정기 지출은 넉넉히 예산을 잡아 따로 준비해야 합니다.

부부가 퇴직을 하고 나면 그 앞에 놓인 시간은 얼마나 될까요? 적게 잡아도 30년, 262,800시간입니다. 30년이라는 시간 동안 아이들 교육, 취업, 결혼과 같은 이벤트가 포함되어 있습니다. 이런 이유로 가장이 혼자서 노후를 설계하는 것은 현실적이지도 않고 가능하지도 않습니다. 30년을 내다보고 인생 설계를 하려면 부부는 물론 자녀까지 함께 가족 설계를 해야 합니다. 노후가 닥치기 전에 미리 계획을 세워야 할 사항은 크게 세 가지입니다.

1. 아이들의 대학 졸업, 유학 등 교육을 어디까지 도와줄 것인가.

2. 아이들의 결혼 자금을 어떻게 준비할 것인가.

3. 고정 생활비와 의료비를 어떻게 확보할 것인가.

이런 주제에 대해 온 가족이 모여 대화하지 못하면 작은 문제가 점점 커져서 심각한 갈등으로 번질 수 있습니다. 불통은 오해를 낳고 오해는 관계를 망가뜨립니다. 가족 간에 오해와 불신을 없앨 수 있는 유일한 방법이자 가장 좋은 방법은 바로 대화입니다.

 금융 상품으로 하는 노후 준비

자녀들의 결혼은 늦어지고 결혼 후에도 캥거루족으로 살아가는 젊은이가 많습니다. 자녀들을 결혼시킬 때마다 목돈이 들고 결혼 후에도 사업이다, 이사다 해서 손을 벌리는 경우가 허다하죠. 가뜩이나 수입이 없어서 빈곤해지기 쉬운 때에 조금이라도 느슨하게 돈 관리를 하면 큰 어려움을 겪을 수 있습니다.

이렇게 노후 준비가 큰 문제가 되다 보니 시장에도 노후와 관련된 금융 상품이 많이 나와 있습니다. 직접적인 자산 운용에 자신이 없다면 시장에 나와 있는 월지급식 상품을 이용하는 것도 노후 준비를 위한 전략이 될 수 있습니다. 월지급식 상품의 장점은 연금이나 월지급식 형태여서 은퇴 전에 월급을 받는 것 같은 안정감을 준다는 것입니다. 정기적인 소득이 끊기는 노후에 액수가 크지 않아도 매달 일정한 금액이 들어오는 것만큼 좋은 일이 또 있을까요? 여기에 매일매일 수익률 움직임에 노심초사할 필요도 없습니다. 무엇보다 노후 준비를 제대로 하지 못해 노후 자금을 모으지 못한 사람들에게는 퇴직 후 생활비 재원을 보완해 줍니다.

월지급식 상품으로 하는 노후 준비

1. 즉시연금: 목돈을 맡긴 뒤에 가입자가 정한 기간 또는 사망할 때까지 매월 일정액을 연금처럼 받을 수 있는 상품입니다. 보험사에서만 판매하고 가입한 날로부터 한 달 후에 바로 연금을 받을 수 있습니다. 45세부터 가입할 수 있으며 통상 은행 정기 예금보다 높은 금리가 적용되기 때문에 안정성과 수익성을 모두 갖췄습니다.

   즉시연금은 수령 방식에 따라 종신형, 확정형, 상속형으로 나뉩니다. 가입자가 사망할 때까지 줄곧 연금을 수령하는 타입은 종신형, 일정 기간 원금과 이자를 나눠 받는 타입은 확정형, 매달 이자만 받다 사망할 때 원금을 자식에게 돌려주는 타입은 상속형입니다. 종신형은 계약을 해지할 수 없어서 돈이 묶이는 것이 단점입니다. 하지만 평생 연금 혜택을 누릴 수 있다는 것이 장점이기도 합니다.

즉시연금에 대해 유의해야 할 것은 수령액을 결정하는 공시이율이 매달 달라진다는 점입니다. 공시이율이 떨어지면 수령액도 줄어서 노후 생활비 조달에 지장이 생길 수 있습니다. 최근에는 이런 단점을 보완해서 가입 시점의 이율로 확정해서 종신토록 처음의 정해진 이율로 계산된 연금을 받을 수 있는 상품도 나왔습니다. 이밖에 즉시연금은 비과세 상품이니, 10년 이상 유지해야 한다는 점을 알아 두셔야 합니다. 비과세 한도는 1억 원입니다.

2. **거치연금**: 즉시연금과는 반대로 거치연금은 보험료를 완납한 다음에 일정 기간이 경과하면 연금으로 받는 상품입니다. 자산의 유동성을 확보하면서 원금이 복리로 불어나 소득을 극대화하는 것이 강점입니다. 따라서 어느 정도 재정적 여유가 있는 사람들이 많이 활용합니다.

연금을 받기 전까지 추가 납입이 가능하다는 점 또한 장점입니다. 추가 납입을 이용할 경우 최초 가입 당시보다 훨씬 낮은 사업비가 공제됩니다. 따라서 새로운 상품에 가입하는 것보다 비용이 저렴합니다. 퇴직 시점이 몇 년 남지 않아서 오랜 기간 납입하는 것이 힘들 경우에는 거치연금에 추가 납입을 활용하는 것도 연금 수령액을 늘릴 수 있는 좋은 방법입니다.

3. **월지급식 펀드**: 펀드의 수익성과 월 지급의 안정성을 더한 상품이 바로 월지급식 펀드입니다. 투자 방법은 펀드의 형태이지만 분배금 지급을 월 단위로 나누어 주는 상품이죠. 펀드인 만큼 공격적 운용이 가능하고 고수익도 노릴 수 있지만 원금 손실의 위험이 있습니다. 그러나 즉시연금의 세제 혜택이 줄고 공시이율 하락으로 수익성이 나빠지면서 월지급식 펀드가 대안이 되고 있습니다. 또 노후 준비를 제대로 하지 못해서 퇴직 후에 생활비가 부족한 사람에게 좋습니다.

유의할 점은 시장의 일시적인 등락입니다. 월지급식 펀드는 장기로 투자해야 하고, 연금이나 생활 자금으로 꾸준히 안정적으로 받아야 하는 만큼 다양한 고정 수익 자산에 분산 투자해야 한다는 점을 잊지 말아야 합니다. 단기에 원금 손실이 났다고 안달하다가는 소탐대실할 수 있습니다.

대출 제로 프로젝트

"알겠어요, 어머니. 또 전화 드릴게요."

어머니와 전화 통화를 끝낸 만장 씨는 마음이 무거웠다.

"어머님이셔? 무슨 일인데?"

남편의 표정이 심상치 않은 것을 본 파란 씨가 물었다.

"나더러 막내 외삼촌 좀 설득해 보라고."

"외삼촌이 왜?"

만장 씨의 막내 외삼촌은 중견 기업에서 수출 업무를 담당하다가 만 55세 나이로 정년을 맞고 다니던 회사를 그만두었다. 외삼촌은 노후 자금을 마련할 요량으로 퇴직금 1억 5천만 원과 은행 대출금 5천만 원으로 고깃집을 차렸다. 그런데 외삼촌의 바람과 달리 수입이 턱없이 모자랐다.

"그래서 어떻게 하신대?"

"벌써 가게를 내놨고 다른 일을 찾으신대. 프랜차이즈를 차리면 장사가 잘될 거라면서 그쪽을 또 알아보고 계신대."

"빚은 어떻게 갚으시려고⋯⋯."

"그러니까 어머님이 나한테 외삼촌 좀 말려 보라고 하시는 거야."

만장 씨는 자신의 미래도 걱정이었지만 사실상 퇴직금을 모두 날린 것이나 다름없는 외삼촌의 노후 역시 매우 걱정스러웠다. 파란 씨도 노후에 빚을 얻은 엄마의 친구가 생각났다.

"그 아줌마도 10년 넘게 해 오던 분식점을 내놓았대. 경기가 좋지 않으니 매출도 잘 오르지 않고 관절이 안 좋아서 많이 힘드신가 봐. 그동안 열심히 모았는데도 2억 원이 넘는 아파트 대출금을 갚으시느라 저축한 건 1억 원도 안 되는데, 이번에 둘째 아들이 결혼을 한대. 가게 처분해서 그 돈으로 아파트 전세금을 보태 준다는데, 아줌마 생계는 어떻게 하시려나 몰라."

건강도 예전만 못하고 취업의 기회도 없는데 빚까지 있는 노후라니! 만장 씨와 파란 씨는 덜컥 겁이 났다. 만장 씨는 만약 이대로 계속 노인으로 살아야 한다면 어떻게 해야 하나 그동안 고민을 많이 했다.

'파란이와 상의해서 창업을 해 볼까?'

만장 씨는 '생계형 창업' 카드를 두고 아내에게 말을 꺼내 볼까, 말까 고민을 했다. 처음 생각한 아이템은 편의점이었다. 그래서 시장조사도 해 보았다. 그런데 웬걸! 동네 곳곳에 편의점이 브랜드별로 다 들어와서 이미 포화 상태였다. 마치 IMF 때 직장을 잃은 실직자들이 생계형 창업에 뛰어들어 치킨집이나 노래방을 차렸다가 자영업의 무덤이 됐던 상황과 비슷했다.

"아예 시작할 생각도 말아요. 이거 한다고 대출 받은 것도 못 갚고 있으니까요."

편의점을 운영하고 있는 지인에게 물었더니 그 역시 강하게 반대했다.

'그나마 제일 안정적으로 할 수 있는 사업 같았는데⋯⋯.'

창업에 뛰어든 이들이 하나 같이 빚에 허덕이고 매출 부진으로 힘들어 하는 것을 보면서 만장 씨는 창업의 꿈을 접었다. 남은 희망은 오직 하나뿐!

'하느님, 부처님, 알라신, 시바신 기타 토속신들이시여! 제발 저희 가족이 원래 나이로 돌아갈 수 있도록 도와주세요. 그렇게만 해 주신다면 정신 차리고 정말 열심히 살게요.'

만장 씨는 요즘 들어서 하루에 몇 번이고 세상의 모든 신에게 기도를 올린다.

노후 설계, 뭐가 먼저지?

1955~1963년 사이에 태어나 경제 성장을 주도했던 중·장년층을 '베이비부머Baby Boomer 세대'라고 합니다. 이 세대가 본격적인 은퇴를 준비하며 재취업, 창업 등에 큰 관심을 보이고 있다고 합니다. 하지만 우리나라의 65세 이상 고령층 취업률은 전체 노인의 30% 수준에 불과하다고 해요.

가장 큰 문제는 베이비부머 세대가 준비 없이 창업 시장으로 쏟아져 나오고 있다는 것입니다. 상당수가 '생계형 창업'에 뛰어드느라 은행에서 대출을 받았습니다. 실제로 은행권 개인사업자 대출은 약 275조 7천 억 원으로, 사상 최대치를 기록하고 있다고 합니다. 여기에 가계 부채로 분류되어 있는 금액까지 포함하면 자영업자 대출은 520조 원에 이를 것으로 추산되고, 그중 60% 정도는 50대 이상 연령층에 집중되어 있습니다. 상황이 이런데도 금융권은 기업 대출이 구조조정이라는 벽에 부닥치자 자영업자 대출을 꾸준히 늘리고 있습니다.

그러나 대출이 쉽다고 해서 은퇴 후에 대출을 받아 생계형 창업에 뛰어들겠다고 계획했다면 신중을 기해야 합니다. 계속

되는 경기 침체로 인해 기대만큼 매출이 오르지 않아 대출의 연체와 부도로 이어지는 상황입니다.

먼저 수입이 없는 은퇴자들은 이자 부담이 없도록 대출을 전액 상환하든지 아니면 대출을 최소화하는 방법을 찾아야 합니다. '수입 없는 채무자의 채무 상환 방법' 하면 가장 먼저 떠오르는 것이 부동산을 축소하거나 매각하는 것이죠. 은퇴 후에 수입이 없는데 대출 상환금이 고정적으로 나가는 일은 절대 없어야 합니다.

그리고 일정한 수입을 확보해야 합니다. 만약 매월 수입이 나오는 부동산을 가지고 있다면 유지하십시오. 근린 생활 시설이나 상가, 오피스텔 같이 임대가 원활한 부동산은 그 자체로 노후의 든든한 동반자라고 할 수 있습니다. 집이 있다면 집을 통해 주택연금을 받는 것도 좋은 방법입니다.

매월 수입이 나오는 부동산이나 집을 통해 연금을 받도록 하고, 지출은 줄이십시오. 보험이나 예금은 자신의 경제 사정에 맞도록 안정적인 상품과 꼭 필요한 상품으로 구조조정을 해야 합니다. 마지막으로 일자리를 찾아야 합니다. 인생이모작 센터 같이 시니어를 위해 도움을 주는 기관이 많습니다.

노후 설계를 위한 우선순위

1. 대출금이 고정 지출로 나가는 경우, 부동산을 팔아서라

도 대출금을 하루빨리 상환하라.

2. 상가 임대료, 주택연금, 일자리 등으로 매달 일정한 금액
   의 수입을 만들어라.

3. 보험, 저축을 경제 사정에 맞게 구조조정하라.

 노후는 실전이다!

한국개발연구원^{KDI}의 조사에 따르면 2015년을 기준으로 가구주의 연령이 50대인 가구가 전체 가계 부채의 약 35%를 차지한다고 합니다. 여기에 60~70대까지 합치면 50% 이상으로 늘어나는데, 은퇴를 앞두고 있거나 이미 은퇴한 연령층이 차지하고 있는 부채량이 전체의 절반 이상을 차지하고 있는 셈이죠.

문제는 은퇴 가정에 빚이 많다는 그 자체가 아닙니다. 정말 큰 문제는 이미 수입이 없거나 곧 없어질 예정이라서 빚을 갚을 능력이 되지 않는 분들이 빚을 얻는다는 사실입니다. 상담 중에 빚이 있는 어르신에게 빚을 상환할 계획을 세워 두었냐고 여쭈면 대답을 하지 못합니다. 계획이 없기 때문이죠.

이렇게 은퇴 가정이 대출을 쉽게 생각하는 것은 초저금리

상태가 오랜 기간 지속되면서 대출이 쉬워지고 부채를 쉽게 생각하는 풍조가 생겼기 때문입니다. 보통 심각한 문제가 아닙니다. 은퇴 이후에는 소득 흐름이 왕창 줄어 원금과 이자를 상환할 능력이 떨어집니다. 젊어서 일할 때는 급여 형태든 사업 소득이든 매달 정기적인 소득이 현금으로 발생합니다. 생활비와 대출금 이자를 얼마든지 충당할 수 있고 알뜰하게 생활하면 저축까지 할 수 있죠.

그러나 은퇴 후에는 상황이 달라집니다. 목돈을 모으기는 커녕 그동안 모아 둔 목돈을 조금씩 허물어서 쓰며 살아야 합니다. 가장 큰 문제는 부채에서 발생하는 이자입니다. 퇴직 이후에는 노후 생활비를 쪼개서 이를 갚아야 합니다. 부채 때문에 생활비가 줄고 생활의 질이 급격이 떨어지게 되는 것이죠. 여기다 수명은 자꾸 늘어나는데 이 와중에 의료비로 큰돈이 지출되면 재정이 급격히 악화됩니다.

설상가상으로 집값이 오르지 않거나 떨어지는 것 등 예상하지 못한 변수가 끼어들기도 합니다. 갈수록 인구가 줄어드니 집값이 예전만 못한 것이죠. 채무를 갚지 못하는 일본 노인들의 노후 파산이 결코 남의 일이 아닙니다.

최근 정부는 가계 부채 대책을 내놓았습니다. 내년부터 은행 대출금의 거치 기간을 줄이고 만기 시 일시 상환보다는 원리금 분할 상환 비중을 높이겠다고 발표했습니다. 앞으로 금리가 오를지 모르니 대비하라는 것입니다. 하지만 결국 해결 방안은 개인이 얼마나, 어떻게 노력하느냐에 달렸습니다. 미리 재정 계획을 세워 부채를 털어 내야 합니다. 여기서 또 등장하는 것이 현금 흐름인데요, 현금 흐름 관리는 은퇴 설계에 있어서도 시작이자 출발점입니다.

다음으로는 저금리 시대에는 기대 수익률 자체를 낮춰야 합니다. 정기 예금 금리가 3%라면 5% 이상의 수익을 내기 어렵습니다. 그러면 다른 비용을 줄여야 하죠. 한 외국 언론인이 우리나라 사람들의 경제관념을 두고 이렇게 말했다고 합니다.

"한국 사람들은 돈을 버는 방법은 열심히 연구하는데 번 돈이 모자랄 때 맞춰서 사는 방법은 공부가 되어 있지 않다."

이 말의 의미가 무엇일까요? 미리부터 교육비도, 결혼 비용도, 은퇴 후 생활비도 과감하게 줄이라는 뜻입니다. 부부 둘만 남았다면 큰 집에 계속 살 것이 아니라 작은 집으로 옮겨야 합니다. 즉 은퇴 전처럼 살 생각을 하지 말고 과감하게 구조조정을 해야 합니다.

끝으로 노후의 재무 관리 원칙을 기억하십시오. 부동산 중심이었던 자산에서 금융 자산의 비중을 조금씩 높여 가야 합니다. 여기서 중요한 점은 잘 모르는 상품에는 투자하지 말아야 한다는 것입니다.

병원,
마음 편하게 가셔야죠

　파란 씨는 만장 씨 몰래 병원을 찾았다. 갑자기 노쇠해진 탓인지 몸 여기저기가 쑤시고 아팠다. 만장 씨에게 이야기하자니 걱정을 할 것이 분명해 혼자서 병원을 찾은 것이다. 종합 검진이라도 받을 수 있다면 얼마나 좋을까. 예전에는 직장 생활을 하면서 1년에 한 번씩 건강 검진을 받았지만 지금은 그럴 수 없었다. 막연히 건강을 걱정할 수밖에 없는데 혹시나 비싼 검사를 받으라고 하는 것은 아닌지, 수술을 받으라고 하는 것은 아닌지 걱정이었다.

　'가입해 둔 보험이 몇 개였지?'

　이런 생각을 하고 있으려니 파란 씨는 엄마 생각이 났다. 파란 씨의 엄마 역시 나이가 들수록 병원비 나가는 것이 무섭다고 말한 적이 있었다.

"자식들에게 부담 주지 않고 내 마음대로 병원에 다닐 수 있으면 얼마나 좋을까? 그 정도로 준비된 사람도 별로 없어."

노년기를 맞은 베이비부머 세대, 파란 씨의 부모님 세대들은 병원비 걱정이 많다. 병원을 마음대로 다니고 싶다는 은퇴자들의 이런 바람은 지극히 현실적이다. 병치레 기간이 늘어나면 그만큼 경제적으로도 어려워지기 때문이다.

'엄마가 나를 붙들고 하소연했던 게 이래서였구나.'

파란 씨가 생각에 잠겨 있는데, 함께 대기 의자에 앉아 있던 할머니가 말을 걸었다.

"어디가 아파서 왔어요?"

"무릎 관절이요. 나이가 들어서 그런 건지, 아니면 병이 있는 건지 모르겠어요."

"에휴, 관절 안 아픈 늙은이가 없지. 그래도 큰 병 아니면 괜찮은 거예요."

"어디 많이 편찮으세요?"

"아니요. 내가 아니라 우리 언니가 아파요. 언니는 검사받는 중이고 나는 기다리고 있는 거예요. 언니가 7년 전에 폐암 1기 진단을 받았어요. 수술 두 번 받고 항암 치료를 받았는데, 5년 있다가 암이 가슴으로 전이됐어요. 유방암이요."

"걱정이 많으시겠어요."

"몸 아픈 것도 아픈 거지만 지금 언니네 형편이 말이 아니에요. 60평짜리 아파트에 살면서 고급 승용차를 타고 다녔었는데……. 언니가 아프고 나서 한 달에 천만 원 하는 신약 치료를 받았어요. 병원비를 그렇게 쓰면 아무리 부자라도 버틸 수가 없지. 천만다행으로 재작년부터 보험 처리가 되기는 하는데, 검사비며 수술비며 입원비며 돈이 나갈 데가 천지예요. 암보험도 들고 실비도 들어 놨지만 그것도 하루이틀이지. 투병 기간이 길어지니 감당하기가 힘들어요."

"그래서 어떻게 하셨어요?"

"아파트와 차 모두 팔았죠. 하루 7만 원 하는 간병비도 아껴야 될 판이에요. 형부가 하던 일도 그만두고 병 수발을 하고 있는데, 버텨 보다가 안 되면 파산 신청을 한다네요."

파란 씨는 덜컥 겁이 났다. 자신이 병에 걸려서 누워 있고 만장 씨와 민재, 민서가 생활고로 힘들어 하는 모습이 상상됐다.

어느덧 파란 씨의 진료 순서가 돌아왔다. 검진을 받아 보니, 다행히 병이 있는 것은 아니었다. 의사는 무심하게 설명하는데 파란 씨는 고마워서 눈물이 날 것 같았다. 병원에서 나와 버스를 타러 가면서 파란 씨는 빨리 원래 나이로 돌아가고 싶다고 생각했다.

'제발, 우리 가족이 원래대로 돌아가게 해 주세요. 그러면 더 열심히 살고 노후 준비도 잘할 수 있을 것 같아요.'

파란 씨의 간절한 바람이 이루어질까?

실버 파산을 막아라

파란 씨가 병원에서 만난 할머니의 사연은 정말 안타깝네요. 요즘은 이렇게 노후에 갑작스러운 질병에 걸려 걷잡을 수 없는 치료비 때문에 파산에 이르는 경우가 꽤 있습니다. 메디컬 푸어Medical Poor라는 말을 들어 보셨죠? 노년에 의료비를 충당하기 위해 주택 처분, 전세금 축소, 금융사 대출은 물론 사채까지 사용하는 사람들을 일컫는 말입니다. 메디컬 푸어가 2011년 기준으로 점점 늘어나 2017년 현재 68만 가구에 달한다고 합니다.

왜 노후 의료비가 실버 파산의 원인이 된 것일까요? 국가의 노후 대책은 부족한데, 수명은 길어지고 노후에 큰 병을 치를 확률이 높아지기 때문이죠. 병 때문에 평생 모은 재산을 병원비로 소진하는 일이 많아지고 있습니다.

의료비와 노후, 노후와 의료비는 절대로 떼어 놓을 수 없는 관계입니다. 사실 노년의 건강은 결국 돈으로 귀결됩니다. 똑같은 병을 앓아도 의료비를 걱정하지 않아도 되는 사람은 고가의 치료나 수술을 통해 병을 이깁니다. 가족들이 짊어져야 하는 무게도 저마다 다르죠. 비용이 준비된 경우라면 가족 중 누군가가 힘들게 병간호를 하지 않아도 되고, 병으로 인한 부담감과 스트레스에서 자유로울 수 있습니다. 그러므로 노후를 대비함에 있어서 의료비는 반드시 포함시켜야 할 필수 항목입니다. 노후의 의료비 지출에 대비해서 보험에 가입하려는 사람들은 이런 질문을 많이 합니다.

"보험 설계를 하는 지인에게 가입할 만한 보험 상품을 설계해 달라고 했더니 실비보험인데도 15만 원쯤 하더군요. 저렴하게 의료 실비에 가입할 수 있는 방법 없을까요?"

"저는 주부이고 외벌이 가정이라서 소득이 많지 않아요. 우선 어떤 보험부터 가입해야 하는지 알려 주세요."

"나이가 60인데 실비보험 가입이 될까요?"

많은 사람이 보험료가 저렴하면서 필요한 보장은 다 챙길 수 있는, 실속 있는 보험을 원합니다. 그래서 자연스럽게 실비보험에 관심을 가지죠. 문제는 만 60세가 넘어가면 보험료가 비싸진다는 점입니다. 실비보험도 마찬가지입니다.

최근에 실비보험과 관련해서 새로운 이슈가 등장했습니다. 바로 2017년 8월 9일에 발표된 건강보험 보장성강화 대책입니다. 실손보험 무용론까지 등장하면서 시장이 시끄럽습니다. 이른바 '문재인 케어'로 인해서 비급여가 모조리 없어진다는 정보가 나도는데 이는 사실이 아닙니다. 현 63%의 급여 부분을 70%까지 상향하는데 5년간 단계적으로 시행되는 겁니다. 여전히 본인 부담금이 있으니 실손보험은 준비하는 것이 좋습니다. 실손보험의 가장 큰 단점이 갱신형 상품으로 한 번 갱신될 때마다 보험료가 올라가 평생 유지가 힘들다는 것입니다. 하지만 새로운 정책으로 갱신 시 보험료가 인하될 가능성이 높습니다. 그렇다면 보험 가입이 까다롭게 변하기 전에 빨리 가입을 하는 것이 낫습니다. 보험회사 입장에서는 보험 가입을 어렵게 할 여지가 있기 때문입니다. 이미 가입한 사람들도 성급한 판단으로 실비보험을 해지하는 일이 없어야 할 것입니다. 대신에 가입 중인 실손보험을 제대로 잘 활용하는 방법을 알아둬야겠죠? 그럼 보험 가입 요령에 대해서 본격적으로 알아보겠습니다.

보험에 가입할 때 이것저것 다 가입하면 비싸지는 것은 아시죠? 보험 가입에 있어서도 우선순위를 정하는 것이 중요합니다. 반드시 필요한 보험은 크게 다섯 가지입니다. 가장 먼저 실비보험입니다. 없어서는 안 되는 가장 중요한 보험이죠. 실비보험은 연간 5천만 원 한도 내에서 내가 실제로 쓴 병원비를 돌려줍니다. 그다음 중요한 것은 암, 뇌졸중, 급성심근경색입니다. 마지막으로 후유장애보험이 있습니다. 후유 장애에 대해서는 뒤에서 더 자세히 설명하겠습니다.

통합보험에 대해 궁금해 하는 사람이 많은데 통합보험은

말 그대로 여러 가지 보장을 하나로 합쳐 놓은 보험입니다. 사망 상해, 후유 장해, 재해, 통원비 공제가 전부 가능합니다. 가장 큰 장점은 편리성입니다. 하나만 들어 놓아도 질병이나 사고에 다 대비할 수 있을 것 같은데, 내용상 종신보험과 거의 흡사합니다.

생명보험에서 통합보험 형태로 설계를 하면 종신보험이나 다름없습니다. 주계약이 사망보험이 됩니다. 보험 자체가 나쁜 것은 아니지만 우선순위가 잘못됐죠. 은퇴 가정에서 주계약이 20만 원 넘어가는 비싼 보험을 가입하기에는 너무 부담스럽습니다. 이보다는 건강보험을 유지하고 실비보험을 보완해서 실용성을 높이는 것이 좋습니다. 실비에다가 뇌졸중 같은 질병 보험 가입하는 것도 방법입니다.

보험에 가입할 때는 순수 보장형으로 가입하는 것도 잊지 말아야 합니다. 60세에 80세 만기 상품에 가입하면 만기까지 20년이 남습니다. 천만 원짜리 보험에 가입해도 물가 상승률을 따지면 겨우 40% 돌려받습니다. 순수 보장형으로 가입하고 의료비 보험료를 줄이세요.

그렇다면 은퇴 가정은 보험료로 얼마 정도를 지출해야 할까요? 통상적으로 한 달 보험료로 적정한 금액을 가구 소득의 10%인데, 은퇴 가정은 이보다 조금 낮게 소득 대비 8%로 잡는 것이 좋습니다. 예를 들어 총소득이 3백만 원일 때 보험료로

24만 원 정도 지출하면 충분합니다.

 질병후유장해 보장, 놓치지 마세요

노년의 질병이라고 하면 많은 사람이 암 수술이나 사망을
떠올립니다. 그런데 이 부분을 다시 생각할 필요가 있습니다.
노년의 질병은 질병으로 인한 후유 장애를 반드시 생각해야
합니다. 보건복지부의 자료에 따르면 장해는 질병이나 상해로
인한 후천적 원인이 90%라고 합니다. 그중 상해보다 질병으
로 인한 장해는 60% 가까이 됩니다.

그리고 암 외에도 치매를 생각해야 합니다. 치매라는 질병 하나만 놓고 본다면 전국에 치매 환자가 제주도 인구수인 50만 명을 넘어선 지가 오래입니다. 1년에 25% 이상씩 치매 유병률이 늘고 있고, 65세 이상 열 명 중 한 명이 경증 치매이고, 그 네 명 중 한 명은 위험군이라고 합니다. 특히, 치매는 경제적 손실이 매우 큰 질병이라는 사실을 잊어서는 안 됩니다.

이제부터는 노후에 급증하는 의료비를 대비하는 방법을 알려 드리겠습니다. 먼저 질병후유장해라는 특약에 대해 이야기 할까 합니다. 질병후유장해란 여러 신체 부위를 장해율에 따라서 반복적인 보장이 가능한 것을 말합니다. 의사의 진단만으로 보험금 청구가 가능하므로 질병후유장해 특약을 3대 질병 특약과 함께 준비해 두어야 합니다.

질병후유장해로 보장받을 수 있는 질병에 대해 알아보겠습니다. 질병후유장해 진단금을 5천만 원이라고 가정하고 설명 드리겠습니다. 관절염으로 고생하는 노인분들은 70세 전후로 인공관절 삽입술을 받는 경우가 많습니다. 한쪽 수술로도 1천 5백만 원을 받고, 엉덩이뼈인 고관절 또한 인공골두 삽입을 하게 되는 경우가 많은데, 그 경우에도 30%, 즉 1천 5백만 원이 지급됩니다.

디스크도 보장받을 수 있습니다. 목뼈, 척추뼈 등의 퇴행으로 인한 탈출, 협착, 팽윤이 이에 속합니다. 질병후유장해 진단금에서는 수술 없이 하지방사통, 뻗치는 증상이 있는 약간의 디스크에 5백만 원의 진단금이 지급됩니다. 한쪽 눈의 교정시력이 0.2 이하일 경우에는 5%인 250만 원, 0.1 이하일 경우에는 15%인 750만 원이 지급됩니다. 모두 노년에 흔하게 찾아오는 질병이죠.

암에 대해서도 이야기해 볼게요. 위암은 우리나라 암 발병 중 1위입니다. 암이 3기가 넘거나 혹은 1기, 2기라도 식도에 가깝게 자리 잡으면 위를 전절제합니다. 이럴 경우 암 진단금과 수술비가 따로 있다면 받고, 2천 5백만 원의 후유장해진단금을 받을 수 있습니다. 대장암도 발병률이 높은 질병이죠. 대장을 절제한 후 인공장루를 만들어도 암 진단금과 별도로 지급을 받고 위암으로 보험금을 지급을 받았다 하더라도 2천 5백만 원을 다시 지급받습니다.

이밖에 청력 검사 결과에서 70데시벨이 나와도 5%인 250만 원이 지급되고, 마지막으로 경제적인 손실이 매우 큰 질병인 치매에 걸려도 40%인 2천만 원을 지급받을 수 있습니다.

이렇게 질병후유장애 진단금은 특약 하나로 다양한 질병에 대비할 수 있습니다. 그런데 계약자가 질병이 있는 경우 가입이 어렵습니다. 또한 암, 뇌졸중, 심근경색증과 같은 3대 진단비 같은 경우 1회 지급으로 보험의 기능이 종료됩니다. 하지만 질병후유장해 같은 경우는 반복적, 지속적으로 지급되기 때문에 3대 진단금보다 보험금을 받을 확률이 높고 지급 금액이 많을 수 있습니다.

　만약 질병후유장애 진단금에 가입이 되지 않는다면 대안으로 장기요양 진단비가 있습니다. 장기요양 진단비는 장기 요양 등급 판정에 따라 각 항목과 특이 사항을 조사한 다음 점수를 더하고 이 점수를 바탕으로 장기요양등급판정위원회에서 등급을 결정합니다. 2014년 7월부로 1~4등급과 치매 특별 등급인 5등급까지로 분류하고 있습니다. 참고로 1등급은 95점 이상, 2등급은 75~95점 미만, 3등급은 60~75점 미만, 4등급은 51~60점 미만, 5등급은 치매 환자로서(노인장기요양보험법 시행령에서 노인성 질병으로 한정됨) 장기 요양 인정 점수가 45점 이상이면 됩니다.

　하지만 장기 요양 등급 중 1~2등급은 매우 받기가 어렵고 판정을 받기까지 평균 1년이 걸려 장기 요양 등급은 차선으로 남겨 두어야 합니다.

집 관리만 잘해도
오케이

　노인이 되고 만장 씨의 하루는 더 길어졌다. 여기저기서 찾는 곳이 많아 엉덩이를 붙일 틈도 없었다. 다시 원래 나이로 돌아가게 해 달라고 기도한다고 해서 문제가 해결되지 않는다는 결론을 내린 만장 씨는 집 근처 아파트 단지의 경비원으로 취직했다.

　오늘은 이사 나가는 집이 있어서 아침부터 바빴다. 출근해서 몇 가지 일을 처리하고 보니 이삿짐센터 차가 도착했다.

　"저분들도 결국 이사를 가는구면."

　동료 경비원이 하는 말을 듣고 만장 씨가 물었다.

　"여기 오래 살았나 봐요?"

　"오래 살았죠. 근데 노인네 둘이 살기에는 평수도 크고 또 생활비도 모자라고 해서 작은 집으로 옮긴다고 하대요."

"요즘 저런 분들 많죠?"

"많아요. 이 동에서만 벌써 몇 집이 이사 나갔는데. 이렇게 일하고 월급 받는 것도 그나마 다행인 거예요."

만장 씨는 사다리차가 올라갔다가 내려가길 반복하는 광경을 지켜보며 생각했다.

'우리도 집이라도 있었으면 팔 텐데.'

만장 씨는 그 날 평소보다 일찍 퇴근했다. 파란 씨와 가야 할 곳이 있었기 때문이다.

"상담을 받자고?"

"응. 우리처럼 막막한 사람들한테 딱 이래. 언제 원래대로 돌아갈지도 모르는데 지금 할 수 있는 건 다 해 봐야지."

"그렇긴 한데, 뭐 뾰족한 수가 있겠어?"

"미리부터 그렇게 생각할 거 뭐 있어. 게다가 그 사람들 굉장히 정확하게 상담해 준다고 소문이 났어."

"어디 박사라도 되나?"

"글쎄……."

"그런 사람들이 우리 같은 처지를 이해하겠어?"

"밑져야 본전이지. 일단 가 보자, 마누라!"

만장 씨는 가까스로 아내를 설득해서 밖으로 데리고 나왔다. 그리고는 재무 상담을 잘한다고 소문이 난 부부 설계사의 사무실을 찾아갔다.

"여기 맞아?"

"주소는 맞는데, 분위기가 희한하네."

그곳은 재무 설계사의 사무실이라고 하면 연상되는, 고층 빌딩 안에 있는 깔끔하고 잘 단장된 사무실과 거리가 멀었다. 오가는 사람도 없는 외진 곳에 건물이 우뚝 서 있었고, 내부는 어둡고 인기척이 없어서 을씨년스러웠다.

"괜히 이상한 데 들어갔다가 뭔 일이라도 나면 어떻게 해."

"지금 60이 넘은 할아버지, 할머니가 됐는데 그보다 더한 일이 뭐 있으려고."

만장 씨가 앞장서서 사무실을 찾았다. 사무실 앞에서 문을 두드렸다.

"네, 들어오세요."

뜻밖에 안정감 있고 묵직한 남성의 목소리가 들렸다.

"맞게 찾아온 거 같아. 들어가 보자."

문을 열자 사무실 내부가 두 사람의 시야에 들어왔다. 그런데 여기가 재무 상담 하는 곳이 맞나? 그곳에는 사람이 아닌 로봇 두 대만 나란히 서 있었다. 연구실인데 잘못 찾아온 건가? 그럼 아까 들어오라고 한 목소리는 뭐지? 파란 씨는 어서 나가자고 만장 씨의 팔을 잡아당겼다.

"여기 맞습니다. 잘 찾아오셨습니다. 저희가 재무 설계사입니다."

"네? 로봇······ 아닌가요?"

파란 씨가 깜짝 놀라며 되물었다.

"저희는 인공 지능입니다. 이세돌 9단과 대결한 알파고 아시죠? 저희는 재무 상담을 위해 개발됐습니다. 저는 알파남이고 이쪽은 제 아내, 알파녀입니다."

'인공 지능 재무 설계사인데다가 부부?'

파란 씨와 만장 씨는 어리둥절한 표정으로 서로를 바라보았다. 갑자기 시간을 달리게 된 것보다 지금 상황이 더 황당하게 느껴졌다.

"정말 잘 오셨습니다. 지금부터 파란만장 부부 가정의 재무 문제를 해결할 방법을 알려 드리겠습니다."

알파녀가 친절한 어투로 말했다. 파란만장 부부는 이게 무슨 일인가 어리둥절하면서도 왠지 모르게 신뢰감을 느끼면서 자리에 앉았다. 파란만장 부부는 알파남, 알파녀 부부에게서 해답을 얻을 수 있을까?

알뜰살뜰 노후 꾸리기

은퇴 후에도 우리의 삶은 계속됩니다. 생활을 알뜰하게 꾸려 가면서 멀리 볼 줄 아는 냉정함과 지혜가 필요합니다. 은퇴자들은 점점 줄어드는 생활비 때문에 여러 가지 시도를 하죠. 만장 씨처럼 재취업에 도전하거나 투자를 하거나 사업을 합니다. 그러나 성공한 경우보다 실패로 끝나는 경우가 훨씬 많습니다. 노후에 현역 때와 비슷한 수준으로 수입을 올릴 수 있다는 기대를 할 수 없는 것이 현실입니다.

그렇다면 어떻게 노후를 꾸려 가야 할까요? 만장 씨가 일하는 아파트의 주민처럼 살던 집을 활용하는 방법이 있습니다. 은퇴 후에 효과적으로 자금을 마련하는 방법 중에 하나가 부동산 다운사이징downsizing입니다.

통계청의 조사 결과에 따르면 한국 가계 자산에서 부동산이 차지하는 비중은 73%에 달합니다. 보유 자산 가운데 부동산 비중을 연령대별로 조사한 자료도 있습니다. 연령대가 높아질수록 부동산의 비중이 커지는데, 60세 이상은 82%로 나타났습니다. 자산의 비중이 부동산에 크게 치우쳐 있음을 알

수 있죠.

은퇴 이후에는 부동산과 현금 자산 간의 균형을 맞춰야 합니다. 예기치 못한 자금 지출을 대비해 일정 규모의 자산을 확보해야 하기 때문이죠. 방법은 크게 두 가지가 있습니다. 살고 있는 주택을 팔아서 작은 집으로 옮겨 가는 다운사이징, 현재의 주택에서 살면서 주택연금 제도를 이용하는 방법이 있습니다. 여기서 문제는 아파트 매물이 많이 쌓여 있지만 부동산을 사려는 사람은 많지 않다는 사실입니다. 따라서 기회가 된다면 적극적으로 주택을 팔아야 합니다.

주택을 팔 수 없다면 살고 있는 주택을 활용해서 주택연금을 받는 것도 방법입니다. 아직도 우리 국민이 주택연금에 대해 잘 알지 못한 결과로 활성화되지 않고 있다고 합니다. 주택연금은 노후에 자기 주택에서 거주하면서 연금을 받기 때문에 임차비와 연금을 합쳐서 받는다고 봐야 합니다. 상당히 많은 금액을 받는 셈이므로 노후 자금이 부족한 경우에 사용하기 좋습니다.

이렇게 부동산을 줄여서 마련한 자금으로 상가나 원룸처럼 임대료 수입을 확보할 수 있는 부동산을 매입하는 것도 좋은 전략입니다. 매월 적게라도 임대료를 받으면 생활에 큰 도움이 되겠죠. 그런데 좋은 입지의 부동산은 상대적으로 매입 가격이 비쌉니다.

상대적으로 가격이 저렴한 부동산을 사 두면 어떨까요? 인구 감소와 장기적인 경기 침체, 상권의 변화 등으로 타격을 받겠죠. 무리해서 부동산에 투자를 했다가는 투자를 안 하느니만 못하게 됩니다.

또한 부동산은 관리가 필요한 자산입니다. 보수를 하고 주변 환경을 관리해 주는 손길이 끊임없이 필요합니다. 노후에 거동이 불편해지거나 병에 시달릴 경우에 직접 관리하기가 어려워지죠. 결론은 수익형 부동산 투자에 도전해 볼 만한 재무 상태가 아니라면 섣불리 도전하지 말라는 것입니다. 무리해서 투자했다가 낭패를 볼 수 있어요.

이 외에도 활용할 수 있는 부동산 자산이 있을까요? 고향에 작은 규모라도 땅이 있는 사람은 활용할 수 있습니다. 우선 땅이 있으면 투자금 없이도 작은 규모의 농사를 지을 수 있죠. 주거는 시골에 있는 빈집을 인수해서 수리하거나, 작은 규모로 새로 지을 수도 있습니다. 대도시에 작은 집을 마련한 다음에 농촌과 도시를 수시로 왕래하면서 사는 것도 하나의 방법입니다.

알파
男

은퇴자의 축복, 주택연금

노벨 경제학상을 수상한 미국의 로버트 머튼은 주택연금에 대해 이렇게 말했습니다.

"한국의 주택연금은 은퇴자의 축복이다."

주택연금이 정말 그렇게 극찬할 만한 제도인지 자세히 살펴보도록 하겠습니다.

주택연금은 일종의 대출입니다. 하지만 직접 현금으로 이자를 내지 않고 대출 잔액에 가산됩니다. 그리고 집주인이 사망할 때 집값(처분 가치)에서 정산합니다. 생활비가 부족해서 비싼 주택담보대출을 받아 쓰고 있다면 주택연금 제도를 활용하는 편이 훨씬 낫습니다.

그런데 주택연금을 가입할 때 망설이는 이유가 있죠. 만에 하나라도 집값이 오른다면 어떻게 할 것인가. 주택연금은 주택이 매년 3.3% 상승할 것으로 보고 연금액을 계산합니다. 예를 들어 현 시세가 3억 원이면 20년 뒤에 5억 7천만 원 정도의 자산 가치로 인정합니다. 이런 사실을 제대로 알고 가입을 결정해야 합니다.

주택연금을 이용하는 도중에 이사를 하게 되면 어떻게 될까요? 새로운 주택으로 담보를 변경하면 계속해서 이용할 수 있습니다. 그리고 지금은 근로소득이 있지만 앞으로가 불안하다면 체증형을 선택하면 됩니다. 우선은 연금을 적게 받다가 10년 뒤면 35% 정도 증가한 금액을 받을 수 있어요.

그러면 여기서 주택연금의 지원 내용에 대해 자세히 알아보겠습니다.

주택연금 지원 내용

1. 부부 중 한 사람이라도 만 60세 이상이면 대출을 받을 수 있다.
2. 담보 물건은 단독 주택, 아파트 등으로 주택 가격의 합계가 9억 원 이내일 때 가입이 가능하다.
3. 대출 상환은 부부가 사망한 뒤 주택을 처분해 대출 상환금을 공제하고, 남은 돈은 자녀에게 상속된다. 부족한 경우에는 청구하지 않는다.
4. 주택연금 지급액은 가입자의 나이와 주택 가격에 따라 다르다.
5. 원금과 대출 이자 상환은 부부가 사망했을 시에 상환된다. 따라서 다른 대출 상품과 다르게 연체 없이 일정액을 매월 받을 수 있다. 배우자는 가입자가 사망한 후에도 연금액 감액 없이 동일 금액을 받는다.
6. 연금 인출 한도 50% 내에서 수시로 의료비와 집 수리비

등의 용도로 목돈 인출이 가능하다. 대출 금리는 변동금리가 적용된다. 목돈 한도를 설정하게 되면 매달 받는 월 지급액은 그만큼 줄어들게 된다.

주택연금 상품의 종류에 대해서도 알아볼까요? 주택연금은 매월 월 지급금을 종신까지 내주는 종신지급연금과 우대형 주택연금이 있습니다. 우대형 주택연금은 시가 1억 5천만 원 미만의 주택을 담보로 연금을 지급하는 것으로 소득이 적은 은퇴 가정을 위해 만든 상품입니다. 예를 들어 70세의 노인이 1억 원짜리 주택으로 우대형 주택연금에 가입할 경우, 종신지급연금과 비교해서 매월 10%의 지급금을 더 받습니다.

마지막으로 주택담보대출상환용 주택연금도 있습니다. 이 상품은 대출을 낀 주택에 먼저 대출받은 금액을 목돈으로 상환하고 나머지 부문의 대출 지급금을 받는 상품입니다. 예를 들어 70세의 가입자가 시가 3억 원짜리 주택을 담보로 이 상품에 가입하면 1억 9백만 원의 대출금을 상환시키고, 28만 원을 월 지급금으로 받을 수 있습니다. 빚에 허덕이는 가정이라면 이 상품에 가입해서 부채 압박에서 벗어날 수 있겠죠.

최근 주택연금의 장점이 널리 알려지면서 주택을 자녀에게 상속하지 않겠다는 사람이 매년 증가하고 있습니다. 실제로 2008년에 주택을 상속하지 않겠다는 사람이 12.7%에 불과했는데 2014년에는 24.6%로 약 6년 만에 두 배 가까이 늘어났습니다. 즉 나이가 적은 사람일수록 주택을 자녀에게 물려주지 않겠다는 추세가 갈수록 증가하고 있습니다.

가진 재산이 많지 않아도, 무리해서 돈을 벌지 않아도 노후를 꾸릴 수 있는 방법은 다양합니다. 더 버는 것보다 가진 것을 활용해서 있는 재산을 지키는 전략을 세워 보세요. 노후에 대한 막연한 불안과 걱정도 한층 수그러들 것입니다.

1. 자녀가 리스크이다

자녀 교육, 주택 관련 대출 등으로 인해 정작 본인의 노후 준비는 엄두도 내지 못하는 가정이 많다. 요즘에는 대학 졸업 이후에도 대학원, 유학, 취업 준비 학원 등으로 자녀의 교육비 지원이 끝나는 시기가 더욱더 늦어지고 있다.

자녀가 취업을 해도 끝나는 것이 아니다. 결혼 자금, 창업 자금을 지원해 줘야 하는 경우도 있다. 자녀와 노후는 균형을 맞추며 둘 다 안고 가야지, 둘 중 하나를 선택할 문제가 아니다.

노후 준비는 공적연금(국민연금, 사학연금, 군인연금)과 주택연금을 활용해서 의식주를 해결할 수 있는 생활비를 준비하는 것이 기본이다. 현재 국민연금 수령자는 평균 87만 원, 시가 3억 원짜리 주택은 70만 원 정도의 연금을 받을 수 있다. 두 가지를 합하면 대략 150만 원 정도이다. 지금 여러분의 생활비를 계산해 보면 이 돈으로 부족할 것이다. 여기에 개인연금을 준비한다면 충분하지는 않더라도 모자라지 않는 노후 생활을 할 수 있을 것이다.

2. 노화와 질병은 함께 온다

한 사람이 평생 쓰는 의료비의 60% 이상을 65세 이후에 쓴다는 연구 결과가 있다. 금액으로 보면 대략 6천만 원 정도라고 한다. 보험으로 질병에 대비한다면 저렴하게 준비할 수 있겠지만, 만성 질병이 있는 경우에는 보험에 가입하기 어렵기 때문에 별도의 현금성 자산을 준비해야 한다. 더군다나 치매, 뇌졸중 등 간병이 필요한 경우도 발생할 수 있기 때문에 생활을 위한 연금만 준비할 것이 아니라 의료비를 위한 연금도 별도로 준비하는 것이 현명하다.

3. 노노老老 부양의 그늘

고령화 사회로 접어들면서 60세 노인이 90세 노부모를 부양하는 경우를 종종 볼 수 있다. 연금으로 생활하는 60세 아들이 노후 준비가 되어 있지 않은 90세 노부모를 부양하는 경우 육체적·경제적으로 큰 문제가 된다. 지금 40~50대는 본인 노후에 대한 준비뿐 아니라, 부모님의 노후에 대한 준비도 조금씩 해 놓아야 한다.

4. 개인연금 가입 요령을 익혀라

연령이 50세 이상이면 소득이 불안정해서 매월 납입하는 연금에 가입하는 것이 힘든 경우가 많다. 특히 회사원이나 공무원 등 월급을 받는 직업을 갖고 있는 경우에는 더욱 그렇다. 이럴 경우에는 일시납 상품에 가입해서 가입한 일시납에 추가 납입을 하는 것이 유리하다. 일시납 상품은 사업비를 한 번만 떼는데다, 추가 납입하는 금액에 대해서는 사업비가 없는 상품도 많기 때문이다. 또한 일시납 상품 중에는 금리, 투자, 확정 금리 등 다양한 상품이 있기 때문에 가입하는 사람의 성향에 맞는 상품으로 맞춤 설계가 가능하다.

5. 노후를 위한 자산 인출 전략

노후 준비에 있어서 정말 중요한 것은 노후 준비로 매월 얼마를 내느냐가 아니라 얼마를 받을 수 있느냐이다. 평균 수명이 짧았던 예전과 달리 100세 시대인 지금, 30~40년 이상 쓸 돈을 미리 준비해야 한다. 얼마를 어떻게 받느냐 하는 전략을 잘 짜야만 걱정 없이 노후를 즐길 수 있다.

예를 들면 국민연금을 받는 시기를 연기하면 1년 연기 시 연 7.2% 이자와 함께 물가 상승률을 더해 준다. 다른 소득이 있고 당장 받을 필요가 없다면 최대 5년간 연기할 수 있다. 이 경우 최대 36%의 인상률을 더해 연금을 지급해 준다고 하니, 얼마를 받느냐가 훨씬 중요하다는 말이 이해가 될 것이다.

CHAPTER 5

가가호호
재테크
솔루션

부동산 너머에
무지개가 있을까?

이론에 집착 말고 실전을 보라!

'밀당', '썸'과 같은 연애 용어 중에 '희망고문'이라는 말이 있다. 사귀지도 않을 것이면서 상대에게 호의를 보이고 데이트를 제안하고 다정하게 구는 것을 일컫는 말이다. 희망고문을 당하는 사람의 입장에서는 매우 괴로운 일이 아닐 수 없다. 희망을 버리려고 마음을 먹으면 다시 희망을 주고, 실망한 후에 다시 희망을 버리면 또 희망을 주고……. 말 그대로 희망을 수단 삼아 고문을 하는 것이다.

재테크에 있어서도 우리를 희망고문하는 존재가 있다. 그것은 바로 부동산이다. '부동산으로 돈 벌 욕심은 접어야지' 하고 단념하면 여기저기에서 부동산 가격이 많이 올라 큰돈을 벌었다는 소리가 들린다. 누군가는 잘만 하면 경매도 훌륭한 돈벌이 수단이 될 수 있다고 속삭인다. 이런 이야기를 접하고 나면 누구나 다시 한 번 희망을 갖는다. '어쩌면 나도?' 하는 생각이 드는 것이다.

부동산 가격은 유동적이어서 거주하고 있는 집 가격이 올랐던 경험을 가진 사람이 적지 않다. 그런데 '왜' 우리 집 가격이 올랐는지 아는 사람은 드물다. 그렇다면 부동산 투자의 황금기는 끝났다고 말하는 지금까지도 왜 부동산 가격이 오르는 것일까?

부동산 공부를 처음 시작한 사람들은 도로가 나고, 상권이 커지고, 공장이 들어오고, 학군이 좋아지면 가격이 뛴다고 말한다. 한마디로 호재가 있어서 그렇다는 것이다. 여기서 내공을 조금 더 쌓으면 공급될 물량이 없는 지역의 경우 가격이 오른다고 본다.

그런데 이것이 정답인지는 조금만 생각해 보면 대번에 알 수 있다. 생각을 거꾸로 해 봐야 한다. 지금 살고 있는 우리 아파트 가격이 올랐다면 그 이유를 역으로 추적해 보자. 도로가 나고, 상권이 커지고, 학군이 좋아졌는가? 그런 경우도 있지만 그렇지 않은 경우도 있다. 우리 동네는 몇 년 전이나 지금이나 크게 달라진 것이 없다. 호재가 없는데도 가격이 올랐다면 이 사실은 무엇을 말해 주는 것일까? 호재가 작용해서 부동산 가격이 오른다는 것은 부동산 이론일 뿐, 그 이론이 실전에 무조건 맞아떨어지는 것은 아니라는 것이다.

그런데 여전히 많은 사람이 부동산 가격이 오르는 것은 호재 때문이라고 생각하고 호재를 찾아 투자를 한다. 그런데 전문가들은 호재라고 해서 다 같은 호재가 아니라고 말한다. 이 점을 명심해야 한다. 호재도 저마다 급이 다르고, 그 호재가 작용하는 기간도 모두 다르다. 장기적인 호재가 있는가 하면 중기로 작용하는 호재, 안타깝지만 단기에 그칠 호재가 있다.

여기서도 중요한 것은 '목표 기간'이다. 내가 투자하는 목표 기간에 맞는 호재를 찾아야 한다. 내 목표 기간은 2년인데 4~5년 후에 실현될 호재에 투자한다면 그 투자는 성공으로 이어지기 어렵다. 목표 기간을 분명하게 설정하고 그 목표 기간 안에 실현될 만한 곳에 투자를 해야 하는 것이다.

목표 기간 다음으로 중요하게 볼 것은 정부 정책과 수요이다. 부동산 투자에 있어서 정책이 중요한 이유는 정책이 앞으로 정부가 어떤 방향으로 부동산 시장을 이끌고 갈지를 알려 주기 때문이다. 어떤 정부는 부동산 억제 정책을 발표한다. 그것은 과열된 부동산 시장을 잠재우기 위함이다.

억제 정책이 발표되면 서둘러 부동산을 팔아 버리는 사람이 있는가 하면, 반대로 매수에 나서는 사람이 있다. 둘 중 어느 쪽이 올바른 선택을 한 것일까? 안타깝게도 두 쪽 모두 실수를 범한 것이다. 왜냐하면 부동산 시장은 정책을 발표하자마자 곧바로 반응하지 않기 때문이다. 짧게는 2년, 길게는 3년이 지나야 시장이 움직인다.

만약 억제 정책이 발표된다면 추격 매수는 자제하고 시장의 반응을 살피며 2~3년 내에 매도할 생각으로 접근해야 한다. 반대로 활성화 정책이 발표되면 시장을 지켜보다가 바닥이 어느 정도 확인된 시점에서 매수를 시도해야 한다.

마지막으로 중요한 요소는 수요이다. 수요가 중요한 이유는 매수 시점을 파악하는 데 있어서 지표가 되어 주기 때문이다. 부동산 투자의 성패는 타이밍과 매수 시점에 달렸다는 것은 모두가 알고 있는 사실이다.

따라서 수요를 면밀히 관찰해야 한다. 투자할 지역의 급매물이 소진되고 거래량이 늘어나는지를 파악해야 한다. 매수 움직임이 커졌을 때를 놓치지 말고 포착해야 한다. 그래야 원하는 가격으로 빠져나올 수 있다. 매수가 커지는 시기는 호재가 실현되는 시기와 거의 일치한다. 예를 들어 도로, 지하철이 개통되거나 마트, 쇼핑몰이 입점하는 시점 말이다. 이러한 실전 감각을 제대로 익혀야 굳이 실거주 목적, 투자 목적으로 구분하지 않더라도 성공적인 부동산 거래를 할 수 있다.

중요한 것은 '실수익'

부동산 분양 홍보 문구마다 반드시 등장하는 단어가 있다. 바로 수익률이다.

'투자 금액 대비 수익률 연 6%'

이런 현수막과 전단지를 본 적이 있을 것이다. 쉽게 말해 수익률은 얼마를 투자해서 얼마를 벌었느냐를 숫자로 환산한 값이다. 부동산으로 거둔 1년 치 수입을 투자 금액으로 나눈 비율이 바로 수익률이다.

예를 들어 오피스텔 한 채를 1억 원을 주고 분양받았다고 가정하자. 임대료가 월 60만 원이라면 720만 원(60×12)을 1억 원으로 나눈 뒤 100을 곱하면 수익률을 알 수 있다. 보증금이 있다면 분양가에서 보증금을 제하므로 수익률은 더 올라간다.

그런데 이 수익률이라는 것은 하나의 지표로 삼아야지 무조건 믿어서는 곤란하다. 수익률과 실제 수익이 큰 차이가 있는 경우도 있기 때문이다. 사실 수익률은 계산 방식에 따라 얼마든지 높게 책정할 수 있다. 가장 대표적인 예가 실제 분양가에서 대출 받은 금액을 빼 버리는 것이다. 앞서 예로 든 1억 원짜리 오피스텔을 살 때 5천만 원을 대출 받았다면, 720만 원을 5천만 원으로 나누는 것이다. 이렇게 하면 수익률이 갑자기 크게 오른다. 따라서 홍보 문구로 내세우는 수익률을 맹목적으로 믿어서는 안 된다. 그보다는 부동산 중개업소를 찾아가 적정 임대료를 설정하고, 공실률을 감안해 수익률을 따져 보는 것이 더 바람직하다.

요즘 들어 신규 분양 광고와 언론 기사가 많이 늘었다. 부동산 경기의 호조세가 지속되고 있기 때문이다. 전세금에 돈을 조금 더 보태면 집을 살 수 있을 것 같다. 분양 경쟁률이 높아 신규 분양을 받으면 돈을 벌 수 있을 것 같기도 하다. 어떻게 하는 것이 좋을까? 지금 아파트 청약을 넣어야 할까, 아니면 조금 더 기다려야 할까?

앞서 부동산 투자에 성공하려면 시장의 흐름을 신중하게 지켜봐야 한다고 했다. 그렇다면 지금은 신규 분양에 있어서 신중해야 한다. 지금부터 그 이유를 설명하기에 앞서 부동산 매매의 경우의 수를 따져 보자.

1. 최근 부동산 가격이 크게 상승한다는 뉴스가 자주 보도된다. 청약률도 꽤 높은 편이다.

이는 시장이 상승세를 넘어 과열되는 양상을 보이는 경우라고 봐야 한다. 이때 많은 사람이 신규 분양 청약 대열에 합류해 청약 경쟁률을 높인다. 하지만 그다음에 가격 하락이 기다리고 있기 때문에 신중을 기해야 한다.

2. 분양 받을 때만 해도 분위기가 좋았다. 하지만 그로부터 약 2년이 흘러야 실제 입주가 시작된다. 이때는 가격이 최고점에서 꺾이거나 하락한다.

분양 시기와 입주 시기는 2년 6개월 정도의 차이가 있기 때문이다. 강남 3구와 같이 대기 수요가 많고 핵심 지역인 경우에는 단기 매수 타이밍을 잘못 잡아도 장기적으로 본다면 분양가를 넘어설 가능성이 높다. 하지만 그 외 지역은 자칫 잘못하다 고점에서 매수하여 원금 손실을 보기 십상이다.

3. 미분양 물건의 상당 부분이 이미 소화되고 신규 분양 단지들의 청약 경쟁률도 조금씩 높아진다.

청약하기에 가장 좋은 시기는 바로 이때이다. 부동산 고수들은 이 시기를 놓치지 않고 신규 분양 청약에 나선다. 기존 아파트 매매 가격도 소폭 상승하고 급매물도 소진되기 때문이다. 하지만 일반적인 사람들은 신규 청약에 나서지 못한다. 이미 경우의 수 2에서 미분양이니 하우스 푸어니 하는 기사들이 보도됐기 때문이다. 결론은 지금 부동산 호조세라고 해서 덜컥 1의 경우에 합류해서는 안 된다. 침착하고 신중한 자세로 흐름을 지켜봐야 한다.

끝으로 부동산 투자를 공부하고 지식을 쌓았다는 사람들이 쉽게 놓치는 것 중 하나가 바로 '매수 방법'이다. 부동산을 매수할 때는 크게 세 가지 방법이 있다.

1. 기존 부동산을 산다.

2. 경매로 부동산을 낙찰 받는다.

3. 신규 분양에 청약한다.

하지만 대부분의 사람은 이러한 차이를 구분하지 않는다. 자신의 전문 분야가 있다고 생각하면 과도하게 한 우물만 판다. 분양 전문가라는 사람은 계속 신규 분양 청약만 넣고, 경매 전문가라는 사람은 계속 경매만 입찰한다. 세 가지 매수 방법을 모두 활용할 줄 알아야 한다. 앞서 말한 경우의 수의 흐름을 읽으면서 매수 방법까지 다양하게 익혀 두면 부동산 투자는 결코 어렵지 않다.

✔ **check it. 은행의 DSR 도입**

DSR이란 1년 동안 갚아야 하는 대출 이자뿐 아니라 대출 원금까지 더한 금액이 연봉 대비 얼마나 되는지를 계산하는 수치이다. 예를 들어 DSR이 300%이면 1년 동안 내는 이자와 원금 상환액이 연봉의 세 배를 넘어서는 안 된다는 뜻이다.(기존 대출 방식인 DTI는 대출 원금은 제외하고 이자만 포함해서 금액을 계산한다.)

이 DSR 때문에 전세 자금을 대출 받은 사람들이 긴장하고 있다. 전세 자금 대출은 통상 2년 만기 일시 상환 방식으로 빌린다. 그런데 국민은행을 시작으로 시중의 은행들이 첫 해는 이자만 반영하고 2년차 때는 원금도 함께 계산하고 있어 DSR이 크게 오를 가능성이 있다.

DSR 상승이 문제가 되는 이유는 DSR이 은행은 물론 신용카드 카드론이나 마이너스 통장, 보험, 상호금융, 저축은행 등 모든 금융 기관에서 받는 개인 대출에 다 적용되기 때문이다. 만약 자동차를 살 때 할부나 개인리스로 샀다면 이 역시도 포함된다. 따라서 쓰지 않는 마이너스 통장이 있다면 계좌를 없애는 것이 좋다.

전세 자금 대출의 경우는 조금 복잡하다. 전세 자금 대출은 보통 전세 계약 기간에 맞춰 2년 만기, 일시 상환 방식으로 빌리는 경우가 많다. 이 경우 첫해에는 이자만 DSR에 잡히지만, 원금을 상환해야 하는 2년차에는 이자뿐 아니라 대출금 전액이 DSR에 적용된다. 이때부터 원금이 함께 계산되기 때문에 DSR이 상승해서 신용 대출이 어려워진다.

이렇게 되면 대출 한도는 어떻게 될까? 원칙적으로는 개인의 소득이나 기존 대출의 종류와 규모 등에 따라 달라진다. 이전에 총부채상환비율^{DTI}로 계산할 때는 주택 담보 대출만 원리금 상환액을 계산하고 다른 대출은 이자만 반영했다. 그러나 DSR는 모든 금융권 대출의 이자와 연간 갚아야 하는 원금도 함께 계산하기 때문에 대출 한도가 대체로 줄어든다고 봐야 한다.

지금은 금리 인상 시기이다. 금리 인상과 더불어 DSR 방식이 본격적으로 실시된다면 부채가 있는 경우에는 경제적으로 더욱더 힘든 시기가 될 것이 분명하다.

세법 공부,
선택이 아닌 필수!

세법, 어떻게 달라지나?

재테크에 성공하려면 세법을 잘 알아야 한다. 매년 달라지는 세법에 대한 기본적인 사항을 알고 있어야 투자 전략을 세울 수 있다.

세법에서 가장 중요한 것 중 하나가 과세와 비과세 개념이다. 단순히 과세와 비과세의 개념을 아는 것을 넘어서 달라지는 세법에 따라 어떻게 세율을 적용 받는지 알아야 한다. 예를 들어 비과세 소득 중에 연 수입 금액이 2천만 원 이하인 주택 임대 소득을 보자. 이는 2016년 12월 31일까지 발생 소득에 한한 것으로, 2017년 이후에 발생하는 소득은 세금을 내야 한다. 정부에서는 이 기한을 2년 연장하는 법안을 국회에 제출했고, 국회에서 최종 확정됐다.

현재 보험 관련 세법은 과세를 원칙으로 비과세 혜택을 받을 수 있는 조건들을 명시하고 있다. 다시 말하면, 조건을 충족시켜 주면 정해진 한도까지 비과세 혜택을 주는 것이다. 2017년 개정 세법에서는 보험 차익에 대해 비과세 혜택을 받을 수 있는 보험 상품의 조건을 이렇게 명시했다. 목돈으로 넣는 일시납은 1억 원 한도까지, 매월 일정 금액을 납입하는 적립식일 경우에는 월납 150만 원, 연간 합산 1천 8백만 원을 한도로 비과세 혜택을 받을 수 있다.

비과세의 이점은 이자 소득 및 배당 소득에 대한 세금이 면제될 뿐 아니라, 금융소득종합과세 대상에서 제외된다는 점이다. 또한 연금으로 수령이 가능한 상품일 경우 연금 소득세를 내지 않아도 된다.

세금, 어떻게 바라봐야 할까?

모든 사람이 손꼽아 고대하고 있는 경제 상황은 좀처럼 나아질 기미가 보이지 않는다. 따라서 저금리 기조 유지는 당분간 유지될 가능성이 높다. 물론 미국을 비롯한 세계적인 금리 상승 추세에 따라 우리나라도 내년부터는 금리 인상이 시작될 것이다. 하지만 10년 전 또는 5년 전, 아니 3년 전과 비교해 보더라도 지금이 저금리 시대라는 것을 부정할 수 없다. 자연히 임금 상승과 이자 소득의 상승에 대한 기대도 꺾이고 있다. 시장 상황이 이렇게 흘러가고 있다면, 우리는 그에 맞는 대응을 해야만 한다.

그 시작은 세제적격연금저축과 비과세종합저축을 바라보는 일반적인 시각에 대한 전환이다. 2015년 4월에 세제적격연금저축에 대한 '계약 이전 간소화'(금융 기관 간 이전 가능)가 개정, 발표되어 시행에 들어갔다. 원인은 장기적인 저금리 여파로 계약 이전 서비스를 필요로 하는 상황이 더 많아지는 것에 있다. 그렇다면 이와 관련해서 보다 근본적인 고민이 필요하다.

우선 세 가지를 생각해 볼 수 있다. 세제적격연금저축에 가입하고 활용하는 목적은 무엇인가? 세제 혜택인가, 연금 인출인가? 세제 혜택이 목적이라면 요구되는 일반적인 요건과 개별적인 요건은 어떤 것이 있는가? 연금 인출이 목적이라면 요구되는 상품(펀드, 신탁, 보험)을 어떻게 활용할 것인가?

일반적으로 세제적격연금저축을 세제 혜택에 목적을 두고 활용한다. 그런데 변화한 세제 혜택의 기준이 소득 공제에서 세

세제 혜택의 요건

구분	종전	현행
의무 납입	10년	5년
인출 시점	55세 이후	55세 이후
인출 기간	5년	10년
유지 기간	15년	15년

액 공제로 변경되면서 그 혜택의 규모가 대폭 조정됐다. 따라서 세제 혜택을 받기 위해서는 어떤 요건을 갖추어야 하는지, 얼마만큼의 혜택을 받을 수 있는지 구체적으로 알고 있어야 한다.

중도 해지에 따른 불이익을 받지 않고 세제 혜택을 보려면 납입 기간과 유지 기간을 합치면 최소 15년이다. 이는 기존의 기준과 동일하다. 이보다 중요한 것은 고객 개개인의 상황을 감안한 개인의 세제 혜택 요건이다.

예를 들어 보자. 만 30세가 된 사회 초년생이 취업과 함께 절세를 목적으로 세제적격연금저축을 활용하려고 한다. 세액 공제 한도가 연 4백만 원이므로 매월 34만 원의 납입 금액을 불입하기로 했다. 이 사람이 55세까지 25년, 그 후 연금 인출 기간 10년을 포함해 최소 35년간 상품을 유지해야 세제 혜택을 유지할 수 있다.

대부분의 고객이 간과하는 사실은 세제적격연금저축은 상당한 기간의 유지를 조건으로 하는 장기 자산이라는 점이다. 그런데 많은 사람이 매년 연말 정산을 통해 환급을 받을 목적으로 접근하기 때문에 유지율이 생각보다 저조하다. 실제로 10년 유지율이 50%를 넘지 못하고, 최소 유지 요건인 15년 유지율은 더욱 낮다. 이렇게 되면 세법에 따른 기타 소득세 추징이라는 불이익을 받고 연금 자산으로 활용하기 어렵다.

결국 예로 든 만 30세의 사회 초년생은 장기적 관점의 연금

저축보다 학자금 대출 상환이나 결혼 자금 마련이 더 시급해질 수 있다. 단기적 재무 문제의 솔루션이 없으면 장기적인 계획을 실행할 가능성은 점점 낮아진다. 한마디로 돈이 급하면 상품을 해지하게 된다는 것이다. 따라서 장기적인 계획일수록 우리 가정의 상황에 대한 구체적인 판단이 필요하다.

최근 세제적격연금저축이 연금저축펀드로 이동하는 추세인데, 이 현상에도 주목해야 한다. 이러한 현상이 나타나는 것은 금리형 상품인 연금저축보험은 금리 변동에 따라 인출 가능한 연금액의 규모가 달라지기 때문이다. 장기 자산의 경우, 물가 상승이 지속되면 자산의 가치가 하락한다. 따라서 연금저축펀드로의 이동은 자산의 가치가 떨어지는 것을 막기 위한 수단인 것이다.

그렇다면 연금저축펀드는 어떤 상품인가? 연금저축펀드는 일종의 투자 상품인데, 투자 상품은 가입보다 관리가 중요하다. 어떤 회사의 상품을 선택하느냐도 중요하지만 자산을 담당하는 파이낸셜 어드바이저Financial Adviser를 선택하는 문제 또한 매우 중요하다.

비과세종합저축 활용법

과거의 생계형비과세저축과 세금우대종합저축이 통합되어 지금은 비과세종합저축으로 되고 있다. 비과세 한도도 1인당 5천만 원이다. 비과세 혜택은 세금을 줄인다는 차원에서 의미가 있지만 실효성도 함께 따져 봐야 한다.

우선 금리 면에서 따져 보자. 원래 이자 소득세 비과세 혜택은 금리가 높아야 그 규모를 늘릴 수 있다. 하지만 지금의 상황은 1%대 초저금리 시대의 중심에 있다. 따라서 그 혜택이 그리 크지 않다. 예를 들어 금리 2%를 설정했을 때 연 비과세 혜택은 15만 4천 원(5천만 원 원금 대비 이자 소득 백만 원, 이자 소득세 15만 4천 원)이다.

여기에 가입 가능한 연령도 제한이 있다. 비과세종합저축의 가입 연령이 늘어나 65세 이상의 노인 인구를 대상으로 한다. 일인당 5천만 원을 연 15만 원 정도의 소득세 비과세를 목적으로 묶어 둘 노인 인구가 과연 얼마나 될까? 자산을 지속적으로 움직여서 수입을 확보해야 하는 노인 인구가 더 많지 않을까?

따라서 가입하기 전에 평균 수명, 공적 연금의 액수, 금융 자산의 규모를 전부 고려해야 한다. 혜택이 있다고 해서 무조건 가입할 것이 아니라 나에게 의미가 없는 혜택일 수도 있다는 생각을 해야 한다. 고금리 시대에는 매력적이었던 이자 소득세 비과세가 초저금리 시대에도 여전히 매력적인지 잘 파악해야 한다.

펀드,
돌파구가 될 수 있을까?

펀드는 어려운가요?

많은 사람이 펀드가 어렵다고 생각한다. 그것은 펀드 투자가 경기, 금리, 환율의 영향을 많이 받기 때문이다. 따라서 공부를 조금 했다고 해서 큰돈을 벌겠다고 욕심을 내서는 안 된다. 처음 펀드에 입문할 때는 나에게 부담되지 않는 정도의 금액을 여러 종류의 펀드에 나눠서 투자하는 것이 좋다.

일단 펀드의 종류를 알아보자. 가장 먼저 주식형 펀드가 있다. 주식형 펀드는 투자자들로부터 모인 자금(설정액)의 최소 60% 이상을 주식 혹은 주식에 관련된 파생 상품에 투자하는 펀드를 말한다. 60%라는 수치는 그만큼 변동성이 높다는 의미로, 위험이 높은 것이 사실이다. 은행 이자보다는 높은 수익을 기대할 수 있지만 반면에 손실이 날 가능성도 있다. 공격적인 투자 성향을 가진 투자자에게 적합하며, 손실 발생 가능성을 줄이고자 한다면 목돈으로 한꺼번에 투자하는 것보다는 정해진 날짜에 정해진 금액만큼을 여러 번 나눠서 투자하는 것이 좋은 방법이다.

예를 들어 백만 원을 투자하려고 한다면 선택된 종목에 한 번에 백만 원을 투자할 것이 아니라, 십만 원씩 10번 또는 20만 원씩 5번으로 나눠서 투자하는 것이 수익률은 조금 낮아질 수 있지만 손실 가능성을 줄일 수 있는 좋은 방법이다. 이를 평균 매입단가인하Dollar Cost Averaging Effect라고 한다.

다음으로 채권형 펀드가 있다. 채권형 펀드는 전체 설정액의 최소 60% 이상을 채권 혹은 채권 관련 파생 상품에 투자하는 것을 말한다. 주식에는 일체 투자하지 않는다. 때문에 안정적인 수익을 추구하는 투자자들에게 어울리는 상품이다. 안정적인 만큼 수익률은 높지 않다. 가끔 채권형 펀드는 원금 손실이 없다고 잘못 알고 있는 사람들이 있는데 그렇지 않다. 비교적 손해 볼 가능성이 적다는 것이지 무조건 손해를 보지 않는 것은 아니다. 투자 시 체크 포인트는 채권 수익률은 금리와는 반대로 움직인다는 사실을 기억하고, 요즘 같은 금리 상승기에는 채권 수익률이 나빠질 수 있다는 사실을 잊지 말자.

주식형 펀드, 채권형 펀드처럼 너무 한쪽으로 치우쳐서 부담스러운가? 그렇다면 주식혼합형 펀드, 채권혼합형 펀드처럼 한 분야에 편입된 비중이 최대 50%까지 가능하고 나머지는 분산 투자하는 상품도 있다. 이 밖에도 배당주 펀드, 가치주 펀드, 인덱스 펀드 등 다양한 상품이 있다.

펀드의 가장 확실한 장점은 저금리 시대에 고수익을 낼 수 있는 확실한 투자처라는 것이다. 그렇기 때문에 원금 손실의 위험 부담도 따른다. 하지만 무리해서 공격적으로만 하지 않으면 가정 경제의 지원군이 될 수 있다. 혹시 '원금 손실'이라는 말만으로 펀드에 대한 관심을 접은 사람이 있다면 다시 한 번 관심을 가져도 좋다.

시간도 없고 큰돈도 없는 사람은 적립식 펀드부터 시작하는 것이 좋다. 적립식 펀드는 정기 적금처럼 일정 시기마다 일정 금액을 지속적으로 투자하는 것을 말한다. 목돈 없이도 투자가 가능하며 한꺼번에 많은 돈을 투자해야 하는 다른 상품에 비해 투자 위험이 낮은 것이 장점이다. 또 전문 지식이 없어도 적은 금액으로도 분산 투자를 할 수 있다. 국내 펀드의 경우 투자 이익에 대해서는 세금이 없다.

적립식 펀드는 투자 기간이 짧을수록 손실 위험이 커질 수 있다. 그래서 투자 기간을 3년 이상으로 생각하고 시작할 것을 권한다. 3년간 투자해도 문제가 발생하지 않는 규모의 금액이 좋다. 원금 손실 위험에도 적립식 펀드를 권하는 이유는 오래 기다린 만큼 은행의 예·적금보다 큰 수익이 돌아오기 때문이다.

펀드 투자에 있어서 금액이 크면 지속하기 어렵고 금액이 적으면 수익률이 낮다. 그래서 지속 가능한 수준으로 재무 목표에 맞춰 시작해야 한다. 예를 들어, 4년 후에 차를 바꿀 생각으로 자금 1천 5백만 원을 목표로 삼는다면 월 25~30만 원 정도를 투자한다. 생각보다 수익이 낮지만 재무 목표를 달성하는 데 큰 문제가 없다. 수익률까지 높으면 금상첨화이다.

펀드를 시작한 지 얼마 되지 않았는데 수익률이 마이너스를 기록하면 기분이 좋지 않을 것이다. 하지만 투자 상품은 환매 시기의 상황이 가장 중요하다. 수익률은 언제든 바뀔 수 있다. 기간만 채우면 이자를 주는 적금과 다르게 펀드는 수익률 기준을 가지고 관심 있게 지켜봐야 한다. 그리고 내가 정해 놓은 수익률 기준에 도달하면 환매하여 수익을 실현하는 것이 좋다.

아무리 공부를 해도 어떤 펀드에 어떤 방법으로 투자해야 할지 망설여진다면 전문가에게 조언을 구하자. 좋은 펀드를 고르는 것이 성공적인 펀드 투자의 첫걸음이다. 전문가와의 상담을 통해 투자 성향에 맞고, 건전하게 혹은 안정적 수익을 내는 펀드에 투자하는 것이 가장 좋다.

펀드 투자에 도전해 볼까요?

언제까지 이어질지 알 수 없는 초저금리 시대를 돌파하기 위해서는 펀드에 도전할 필요가 있다. 특히 투자자 입장에서는 원금 보장만 추구해서는 견디기 힘들다. 해외 펀드로 눈을 돌리는 것도 나쁘지 않다. 일본 경제가 20년 장기 불황에 버틸 수 있었던 공공연한 비밀 중 하나가 바로 해외 자산에서 얻은 막대한 수익 때문이다.

어떤 사람은 10~20만 원의 돈으로 여러 개의 펀드에 불입하기도 한다.

"펀드를 가입하기 전에 평가 사이트부터 들어가 봐요. 저는 제로인 펀드 닥터를 주로 이용하는데 여기서 평가 등급이 높은 펀드에 가입하죠. 시장이 많이 하락했을 때는 성장주 위주로, 주가가 많이 올랐을 때는 가치주 위주로 투자해요."

여기서 성장주는 현재보다 미래에 다양한 이유로 인해 성장할 가능성이 있는 회사의 주식을 의미하고, 가치주는 자산이나 실적 가치에 비해 저평가되어서 낮은 가격에 거래되는 주식을 의미한다.

성장주는 나중에 시장이 상승할 경우, 동반 상승할 가능성이 크고 가치주는 비교적 꾸준한 수익이 나므로 대형주로 이루어진 성장형 펀드의 마이너스 수익을 상쇄할 수 있다. 많은 사람이 관심을 보이는 것은 배당주 펀드이다. 최근에 배당금의 인기가 높아지면서 배당주 펀드도 같이 인기가 올라갔다. 시장이 오르지도, 떨어지지도 않으리라 생각될 때는 배당형에 투자하는 것이 좋다.

사실 대부분의 펀드가 수익을 내지 못하는 이유는 가입 후에 마이너스 수익이 나는 것을 참지 못하기 때문이다. 성급히 환매해 버리면 손해만 남는다. 짧은 시간 안에 수익을 보려고 하지 말고 시간과 금액을 분산해서 꾸준히 투자하는 것이 펀드 투자의 핵심이다. 금리에 연연하는 것이 싫어서 펀드로 눈을 돌린 것이 아닌가? 그렇다면 목표에 충실해야 한다.

펀드 투자에 감을 잡았다면 이제부터 주식형 펀드에 대해 알아보자. 주식형 펀드를 싫어하는 사람들은 대부분 원금이 줄어드는 것을 걱정한다. 주식형 펀드로 인한 쓰라린 손실을 경험한 사람은 더욱 그렇다. 하지만 제대로 알고 침착하게 투자하면 이보다 더 매력적인 상품도 없다.

주식형 펀드가 좋은 첫 번째 이유는 바로 분산 투자라는 점이다. 주식형 펀드는 여러 종류의 주식으로 구성되므로 그 펀드가 어떤 주식을 사고팔았는지 확인할 수 있다. 이 자체가 바로 분산 투자인 것이다. 하나의 펀드에 다양한 종목의 주식들이 편입된다.

주식형 펀드가 좋은 두 번째 이유는 소액 투자가 얼마든지 가능하고 만기가 없다는 점이다. 예를 들어 삼성전자 주식 1주를 사려면 큰돈이 필요하지만 내가 가입한 펀드에 삼성전자가 편입되어 있으면 적은 돈으로도 투자가 가능하다. 투자한 금액에 비례해서 수익도 얻는다. 주가가 떨어질 때는 이렇게 비싼 주식이 편입되어 있는 펀드를 매입해서 싸게 살 수 있는 기회를

노릴 수도 있다. 만기가 없는 것도 주식형 펀드의 장점이다. 만족할 만한 수익률이 나면 바로 환매해서 수익을 얻을 수 있다. 환매할 때 수수료가 붙는데 수수료를 싫어하는 투자자들을 위해 선취 수수료만 부과하고 환매 수수료가 없는 펀드도 있으니 참고하자.

끝으로 앞에서 언급한 대로 국내 주식형 펀드의 경우, 수익이 전액 비과세이다. 일반 예·적금이 이자에서 15.4%를 떼 가는 것과 비교하면 국내 주식형 펀드의 비과세 효과는 엄청난 혜택이 아닐 수 없다.

✔ check it. 펀드 투자의 요점

1. 나의 투자 성향을 알아야 한다

투자 성향을 안다는 것은 간단하다. 본인이 어느 정도 위험을 감내할 수 있는지 아는 것이 곧 투자 성향을 아는 것이다. 그런데 대부분의 경우 내가 원하는 목표 수익률과 여기에 따른 가격 변동성을 다른 사람이 객관적으로 분석해 주기 전까지 알지 못한다. 일단 나를 알지 못하면 고수익을 기대하고 고위험 상품에 베팅하거나 물가 상승률을 제외한 실질 수익률이 0에 가까운 상품에 투자하는 등 온탕과 냉탕을 왔다 갔다 하게 된다.

2. 투자 성향을 나눠 보자

거의 모든 투자 상품은 수익률이 높아질수록 위험이 커진다. 여기서 위험은 원금의 손실 가능성이 아니라 가격이나 수익률의 급격한 변동 가능성을 말한다. 개인 투자자들의 성향은 크게 세 가지, 즉 고위험·고수익의 적극 투자, 중위험·중수익의 위험 중립, 저위험·저수익의 안정 추구로 나뉜다. 여기에 투자자의 평생 현금 흐름과 예상 투자 기간 등을 감안해야 한다.

3. 세 가지를 분산하라

앞서 소개한 분산 투자에 대해 더 자세히 설명하겠다. 펀드 투자에 있어서는 투자 유형을 분산하고 투자 시점을 분산하고 지역을 확대해서 분산하는 세 가지 전략이 필요하다.

먼저 나의 투자 성향에 맞춰 수익성 위험성의 비율이 서로 다른 상품별로 포트폴리오를 배분하는 투자 유형 분산이 중요하다. 그런 다음 나에게 적합한 상품을 골라야 한다. 주의해야 할 것은 단순히 여러 개의 상품을 투자하는 것이 분산 투자가 아니라는 점이다. 예를 들어 삼성전자, 현대차 등 우량주와 국내 주식형 펀드, 중국 펀드에 나누어 투자할 경우 겉으로 보면 분산 투자를 한 것처럼 보이지만 실제로는 우량주와 국내 주식형 펀드 구성 종목 중 삼성전자와 현대차 비중이 40%가 넘어갈 수 있다. 이런 경우는 제대로 된 분산 투자라고 볼 수 없다. 그만큼 투자 포트폴리오 구축에 주의가 요구된다.

노노 부양을
아십니까?

노노 부양과 파산의 상관관계

파란만장 부부의 눈물 나는 노후 체험기처럼 노후는 생각보다 훨씬 길고 만만치가 않다. 게다가 우리나라 노인 인구의 평균 수명이 계속 올라가면서 자녀 노인이 부모 노인을 봉양하는 '노노 부양' 가족이 급증하고 있다. 기존에 '노인-자녀-손주'로 이루어진 3세대 가족이 '초고령 노인-노인-자녀-손주'의 4세대 체제로 이동하는 것이다.

이러한 현상의 가장 큰 문제는 대부분의 가정이 준비가 되지 않은 채 노노 부양에 부닥친다는 데 있다. 2016년 기준으로 61세 이상 고령자 944만 명 중 39.8%인 376만 명만 국민연금을 받는다. 자식과 부모 둘 다 노후 준비가 덜 되어 있는 것이다. '노인 자살률 OECD 1위'라는 통계는 우리 사회의 어두운 면을 그대로 드러낸다. 만약 1세대 부모 노인과 2세대 자녀 노인이 모두 생계가 어려우면 3세대가 부모와 조부모를 동시에 부양해야 한다. 안타깝지만 현실적으로 이는 불가능하다.

노노 부양의 가장 큰 문제는 의료비 과다 지출로 인한 노후 파산에 있다. 한국의 80~90대와 이들의 자녀인 베이비부머들이 이 같은 노후 파산의 직격탄을 맞고 있다. 1955년에서 1963년 사이에 태어난 베이비부머의 부모들이 90세를 넘어서면서 노후 자금이 바닥나고 간병까지 받게 되면서 의료 파산에 직면하고 있다. 장수를 예상하지 못했던 세대라서 의료비를 충분히 마련하지 못한 것이다.

노후 파산은 일본의 경험에 비추어 봐도 벌써 예견된 일이나 다름없다. 일본은 1990년대까지 세계적인 장수 국가로 부러움을 샀다. 하지만 2010년대 들어서면서 상황이 달라졌다. 65세 이상 인구의 비율이 20%를 돌파한 초고령 사회로 들어섰다. 노후 준비가 부족한 고령자는 빈곤층으로 전락하거나 생활비 보전을 위해 일자리를 전전해야 한다.

이렇게 준비 없이 노후를 맞으면 70세 초반까지는 괜찮지만 80세를 전후해서 치매와 뇌졸중에 발목이 잡힌다. 파란만장 부부의 이야기에서 보았듯이 노인 가정의 경우 의료비 지출이 갑자기 늘어난다. 건강보험심사평가원이 '2016년 진료비통계지표'와 통계청의 '2015년 생명표'를 토대로 65세 이후 총 진료비를 추산한 결과, 고령자 1인당 평균 8천 1백만 원이 필요하다.

하지만 수많은 사람이 이러한 사실을 모르고 있거나 알아도 간과해 버린다. 20대 이상 경제 활동 인구 1,552명을 대상으로 한 '행복수명지표조사'에 의하면 노후 의료비 지출 예상액의 평균치는 2,538만 원이었다. 실제적인 의료비 지출 금액이 예상액보다 세 배 이상 많은 것이다. 결론은 연금을 통해 노후 생활비를 준비하는 것 이상으로 노후 의료비에 대한 대비가 중요하다는 것이다.

건강보험료, 어떻게 달라지나

보건복지부가 2017년 1월에 공개한 '건강보험료 부과 체계 개편 방안'은 소득 중심의 보험료 부과를 기본 방향으로 한다. 그동안 보험료 책정은 수입과 무관하게 부동산과 자동차 등 재산이 많다고 보험료가 부과되는 경우, 거액의 수입이 있는데도 피부양자 신분으로 등록되어 보험료를 한 푼도 내지 않는 경우 등 불합리한 경우가 있었다.

달라진 개편안의 주요 내용을 알아보자. 우선 소득이 5백만 원 이하인 세대에게 적용하던 평가 소득을 폐지한다. 평가 소득은 성별과 연령, 소득, 재산, 자동차 가치를 따져 산출한다. 실질 소득이 아예 없거나 적더라도 가족 구성원의 성별이나 연령, 재산 때문에 보험료 부담이 생긴다. 평가 소득을 폐지한 취지는 보험료가 중복으로 부과되는 일을 막는 것에 있다. 지금까지는 평가 소득을 산정할 때 재산과 자동차를 보고 또다시 재산과 자동차 가치를 합산해 최종 부과액을 산출했다. 2014년에 서울 송파에서 생활고로 고생하던 세 모녀가 스스로 목숨을 끊은 일이 발생했다. 극빈층인 이들도 이 평가 소득 때문에 건강보험료를 5만 원 가까이 납부한 것으로 밝혀졌다.

소득과 무관한 재산에는 공제 제도를 도입한다. 1단계에서는 세대 구성원의 총 재산이 5천만 원 이하인 모든 세대에 우선 적용된다. 그런데 구성원의 총 재산 과표 구간에 따라 5백만 원에서 1천 2백만 원까지 공제한다. 2단계는 2천 7백만 원, 3단계는 5천만 원을 공제한다. 무주택 전·월세 세대의 경우 1단계에는 4천만 원 이하, 2단계는 9천만 원 이하, 3단계는 1억 6천 7백만 원 이하까지 재산 보험료를 면제한다.

다음으로는 최저 보험료가 인상된다. 연 소득이 백만 원 이하인 계층에 최저 보험료를 부과하기로 했다. 백만 원을 초과하면 종합과세소득에 보험료를 부과한다. 연 소득 기준 백만 원은 1, 2단계에 적용하고 3단계에 이르러서는 336만 원으로 올린다. 1, 2단계 최저 보험료는 월 13,100원이며 3단계에 접어들면 17,120원이 된다.

자동차에 관해서도 알아보자. 지금까지는 연식이 15년 미만인 모든 자동차에 보험료가 부과됐다. 개정안에 따르면 1단계에서는 배기량 1600cc 이하 소형차(4천만 원 이하)와 9년 이상 자동차, 승합차와 화물, 특수자동차는 보험료가 면제된다. 2단계에선 3000cc 이하 중대형 승용차는 면제, 3단계에서 4천만 원 이상의 차량에만 보험료를 부과한다.

지역 가입자 가운데서는 소득 상위 2% 세대, 재산 상위 3% 세대에 해당하는 고소득 사업자 등은 별도 보험료를 부과한다. 또 국민연금이나 공무원연금 같은 공적 연금에 대한 부과율 부담이 커진다. 기존에는 종합과세소득 가운데 공적 연금 소득, 일시적 근로 소득은 소득의 20%에만 보험료를 부과했다. 개편안은 반영율을 30%로 높이고 단계별로 10% 포인트씩 높여 3단계에는 50%를 적용한다.

과표 기준 5억 4천만 원짜리 아파트와 3천 4백만 원 초과 소득이 있으면 피부양자 자격을 잃는다. 지금까지는 금융 소득이나 공적 연금, 근로와 기타 소득 중 하나라도 연간 4천만 원 이하이면 피부양자 자격이 됐다. 과표 기준 재산이 9억 원 이하면 상관없던 규정도 5억 4천만 원으로 강화됐다. 여기에 형제, 자매 피부양자 제도가 사라진다. 개편안 시행 후 6년까지만 유예하고 3단계에서는 폐지한다.

월급 외 소득이 3천 4만 원을 초과하면 보험료를 부과한다. 기존 제도는 연간 보수 외 소득이 7천 2백만 원을 초과하는 경우에만 보험료율(3.06%)을 적용하고 부과했다. 끝으로 보수 보험료의 상한액이 239만 원에서 301만 5천 원으로 바뀌었다. 상한 액은 보수 외 보험료, 지역 가입자에도 똑같이 적용된다.

따라서 노후 생활을 위한 준비를 할 때 어쩌면 건강보험료라고 하는 항목이 하나 더 늘어난 것일지도 모른다.

연금 수령
총정리

내는 돈은 같아도 받는 돈은 다르다?

　지금까지는 노후 준비라고 하면 내가 연금으로 매월 얼마씩 내고 있느냐가 중요했다. 그런데 앞으로는 노후를 위해 준비한 금액을 어떻게 찾아 쓰는 것이 가장 효율적인가 하는 '인출 전략'이 중요하다.

　현재 전국에서 국민연금을 가장 많이 받는 사람은 누구일까? 전북에 사는 65세 남성인데, 24년간 연금을 부어서 매달 198만 4천 원을 받는다고 한다. 이는 20년 이상 가입자 평균 수령액 88만 원의 두 배를 넘어서는 금액이다. 부러우면 진다는데 이런 부러운 분이 또 있을까? 그렇다면 왜 사람에 따라서 연금을 수령할 때 금액이 달라지는 것일까.

　비결은 연금 받는 시기를 늦추는 연기연금제도를 활용한 데 있다. 앞에서 연기된 연금에 대해서는 연 7.2%, 5년간 최대 36%의 이자가 붙는다고 설명한 바 있다. 여기에 물가 상승률은 별도로 반영된다. 연금 최고액 수령자는 이 제도를 잘 활용한 덕에 월 46만 원 정도를 더 받게 된 것이다. 당장 생활비가 필요해서 일부는 받고 일부는 연기해도 수령액이 불어나는 방식은 똑같다. 결론은 지금 소득이 조금이라도 있다면 연금을 연기하는 방법을 활용해 보라는 것이다. 소득이 있을 때 조금 더 아껴 쓰고 훗날 더 많은 금액을 받을 수 있다면 한 번쯤 활용해 볼 만한 방안이 아닐까?

이 연기제도는 국민연금이 아닌 개인 연금저축도 적용을 받는 유용한 제도이다. 대표적으로 연금저축은 받을 때 소득세를 떼 가는데, 69세 이하는 5.5%, 70대는 4.4%, 80세 이상은 3.3%로, 수령 시기가 늦어질수록 소득세 비율이 낮아진다. 하지만 개인연금의 연간 연금 소득이 일정 수준을 넘으면 세금이 올라갈 수 있다.

연금을 받는 통장에 대해서도 알아보자. 시중 은행에 가면 연금 우대 통장이 있는데 이 통장을 선택하면 금리 우대와 수수료 혜택을 받을 수 있다. 만 63세 이상이라면 원금 5천만 원까지 이자에서 세금을 떼지 않는 비과세 종합저축 통장도 있다.

앞서 직장인들의 절세와 노후 준비를 돕는 제도인 개인형 퇴직연금IRP에 대해 설명했다. IRP는 직장인이 회사를 퇴직할 때

받는 퇴직금이나 재직 시 개인 자금을 추가로 적립해 향후 노후 자금으로 활용할 수 있는 연금 계좌이다. DB, DC형과 달리 연금 납입 주체가 회사가 아닌 개인이다. 개인이 따로 자유롭게 연금을 모을 수 있는 금융 상품인 셈이다.

최근에 IRP가 주목받는 이유 중 하나는 세금을 절약할 수 있기 때문이다. IRP에 가입하면 세금 납부를 연기해 주는 과세이연을 적극적으로 활용할 수 있다. 보통 금융 상품에 가입하면 이자와 배당 소득이 발생할 때마다 15.4%의 세금을 납부해야 한다. 또 이자와 배당을 합친 금융 소득이 연간 2천만 원을 넘을 경우에는 금융소득종합과세 대상이 된다. 이렇게 되면 세금 부담이 매우 커진다.

그러나 연금저축과 IRP에서 성과를 거둔 운용 수익은 이를 찾아 쓸 때까지 세금을 내지 않아도 된다. 계약을 해지하거나 연금을 수령할 때까지 자산을 불릴 수 있는 셈이다. 금융소득과세 부담도 덜 수 있다.

또 IRP는 아직 자리 잡지 못했지만 연금저축과 IRP에 저축한 금액을 합산할 경우 연간 7백만 원을 세액 공제 받을 수 있다. 연금저축만으로는 연간 4백만 원까지만 공제를 받을 수 있다. 그래서 7백만 원 공제를 전부 활용하려면 적어도 IRP에 3백만 원 이상을 저축해야 한다.

여기에 지금까지는 연금저축은 가입 대상에 제한이 없는 반면 IRP는 가입 자격에 제한이 있었다. 그런데 이제부터는 퇴직연금 가입 여부와 상관없이 모든 근로자가 IRP에 가입할 수 있도록 제도가 바뀐다. 연금 제도 개편으로 인해 공무원, 군인, 우체국 직원과 같이 특수직역연금 가입자들과 자영업자도 IRP에 가입할 수 있다. 특수직역연금 가입자와 자영업자는 지금까지 연금저축만 가입할 수 있었으므로 최대 4백만 원까지 세액 공제를 받을 수 있는 것이 전부였다. 그러나 이제 IRP에 가입해서 저축액을 늘리면 2017년 연말 정산 때부터는 최대 7백만 원의 공제 혜택을 받을 수 있다.

또한 지난 2015년부터는 퇴직금을 IRP에 이체한 이후 연금으로 수령할 시 일시금으로 받을 때보다 세금을 30% 감면해 주기로 했다. 근로자가 퇴직 급여를 일시에 수령하면 퇴직 소득세를 납부해야 한다. 그러나 퇴직 급여를 개인 퇴직 계좌인 IRP로 이체한 후 55세 이후에 연금으로 수령하면 세 부담을 30%나 줄일 수 있다. 이에 따라 퇴직 급여를 IRP에 이체하는 퇴직자들이 늘고 있다.

하지만 주의해야 할 사항도 있다. 55세가 되기 전에 IRP 계좌를 해지하거나 연금 수령 한도를 초과해 거액의 자금을 한 번에 인출하는 경우에는 세금 혜택을 받을 수 없다. 다만 IRP와 연금 저축 적립금을 55세 이후에 연금으로 수령하는 경우 연금 소득세를 납부해야 한다. 이때 연금소득세율은 3.3~5.5%이다. 연금

저축에 저축하면서 저축 금액에 대해 13.2~16.5%의 세액 공제를 받았고, 운용 기간 중 수익에 대해 15.4%의 소득세를 납부하지 않았던 것과 비교하면 세금 부담이 상당히 낮아진 것이라는 계산이 나온다.

일부 고소득자는 연금저축과 IRP 간 저축 금액을 조정할 필요가 있다. 연금저축과 IRP를 합산한 공제 한도는 7백만 원으로 똑같다. 고소득자가 절세 혜택을 누리려면 IRP에 최소 4백만 원 이상을 저축해야 한다. 그런데 고소득 근로자와 자영업자의 연금저축 한도가 축소됐다. 기존의 연금저축의 세액 공제 한도는 연간 4백만 원이었으나 고소득자는 3백만 원까지만 공제받을 수 있도록 바뀌었다. 여기에서 고소득자는 총 급여가 1억 2천만 원 이상이거나 종합소득금액이 1억 원을 초과하는 사람을 말한다. 이보다 급여가 적은 사람은 원칙대로 4백만 원을 공제받을 수 있다.

마지막으로 저축성보험의 비과세 한도가 줄어들면서 연금보험도 비과세 한도가 축소된다. 하지만 연금 수령 방식을 종신형으로 설정하면 금액에 상관없이 비과세 혜택을 받을 수 있다. 다만 종신형 연금보험은 55세부터 사망 때까지 연금을 지급받는다. 대신 중도 해지가 불가능하고 가입자가 사망할 경우 보험 계약과 연금 재원이 소멸된다.

100세를 맞는 날을
그려 보자

"할아버지, 건강하세요. 할머니도요."

"팔순을 축하드립니다."

손자와 손녀들이 절을 하는 모습을 바라보는 파란만장 부부의 얼굴에 웃음이 가득했다. 비록 주름이 가득해서 젊은 시절의 모습을 찾아볼 수는 없지만 파란만장 부부는 한없이 인자하고 자애로운 인상을 지니고 있었다. 그리고 오랜 세월을 함께하면서 두 사람의 모습은 서로를 꼭 닮아 있었다.

"여보, 이게 꿈은 아니겠지?"

"이 좋은 날 왜 또 꿈 얘기를 해요?"

"아니, 너무 좋아서 그래."

중년이 된 민재와 민서도 부모님이 기뻐하는 모습을 보며 흐뭇하게 웃었다.

잘 자라 준 아이들, 그리고 그 아이들에게서 태어난 손자와 손녀, 아직도 자신 곁에서 건강하게 웃고 있는 아내, 나이가 들어 쇠약해지기는 했지만 큰 병 한 번 앓은 적 없는 자신의 건강함까지……. 지나간 인생을 잘 살았다고 생각할 수 있는 것만 해도 얼마나 큰 행복인가 싶어 만장 씨는 모든 것이 고마웠다.

"여보, 올해가 몇 년도지?"

"아유, 2060년이잖아요. 이 양반이 싱겁게……."

"우리가 시간을 오고간 일 기억나? 그래서 가끔 이렇게 헷갈려."

"그때 이야기는 하지도 말아요. 그때 얼마나 힘들었는데요."

"그래도 그 일 덕분에 우리가 이만큼 잘 살게 됐잖아."

갑자기 시간을 여행하게 되어 20대로 돌아가고 40대와 노년의 삶까지 미리 경험한 파란만장 부부는 이제야 웃으며 그때를 회상할 수 있었다. 알파고 부부를 만나 가정 경제에 대한 개념을 바꾸고 재무 설계와 재무 관리를 중점적으로 코칭 받으며 파란만장 부부는 많이 달라졌다. 다시 원래 나이로 돌아가지 못하더라도 절망하지 말고 새롭게 다시 시작하자고 각오를 다졌던 파란만장 부부는 시간 여행을 한 지 1년째가 되던 날에 원래의 나이로 돌아왔다.

파란만장 가족은 팔순을 축하하는 의식을 가진 뒤 저녁 식사를 했다. 내내 웃음소리가 끊이지 않고 화기애애했다. 그 자리에서 만장 씨는 민재와 민서에게 조언을 잊지 않았다.

"특히 노후 준비가 중요해. 잘하고 있지?"

"그럼요, 아버지. 요즘은 재무 상담도 인공 지능이 하잖아요. 아주 정확하고 확실하게 도와줘요."

민재의 말에 파란만장 부부는 시간 여행 중에 만났던 알파고 부부를 떠올렸다. 그들이 아니었다면 얼마나 힘들었을까. 어쩌면 원래 나이로 돌아오고 나서도 재무 관리를 어떻게 해야 할지 몰라 헤맸을지도 모른다. 그때는 알파고의 조언을 듣는 것이 놀라운 일이었는데, 이제는 그것도 흔한 일이 되었다.

"그때 그 알파고 부부가 미래에서 왔다는 말이 있었어요."

"그럼 그들도 우리처럼 시간을 여행한 걸까?"

"그럴지도 모르죠."

행복한 팔순을 맞은 만장 씨는 100세가 된 자신과 파란 씨의 모습을 떠올렸다. 지금과 크게 다르지 않게 여유 있고 행복한 모습일 것이라는 확신이 들었다. 앞이 보이지 않고 막막했던 시절에는 상상도 할 수 없는 일이었다.